Nicola Krämer
Jolanda Englbrecht

Pilze selbst anbauen in Haus und Garten

ulmer

Nicola Krämer | Jolanda Englbrecht

Pilze selbst anbauen
in Haus und Garten

EXPERTEN-WISSEN
zum Impfen, Pflegen, Ernten und Genießen

5., aktualisierte und erweiterte Auflage

161 Farbfotos und 15 Zeichnungen

Inhalt

Abb. 1 Rosafarbener Seitling.

Abb. 2 Südlicher Ackerling.

Abb. 3 Junge Austernseitlinge.

Abb. 4 Limonenseitling im Strohsack.

Vorwort

Liebe Garten- und Pilzfreunde,
im Jahr 1996 stieß ich in einem Gartencenter auf die 2. Auflage dieses Buches, verfasst von Jolanda Englbrecht, mit dem damaligen Titel „Pilzanbau in Haus und Garten". Ich war gerade umgezogen in ein Haus mit einem für die Stadtlage fantastisch großen Grundstück und einem Nutzgarten, der mir auch heute noch viel Freude bereitet. Durch große Douglasien gab es viele schattige Bereiche auf dem Grundstück und, angeregt durch das Buch, dachte ich auch über Pilzanbau im Garten nach.

Eine Reise führte mich nach England. Ich stöberte dort in Gartenzeitschriften und stieß auf einen Artikel über einen kleinen Betrieb im walisischen Llangadog, der Shiitakepilze auf Holzstämmen anbaute. Mein Mann und ich packten die Gelegenheit beim Schopf und besuchten die Besitzer Richard und Joy. Die beiden waren meiner Neugier gegenüber sehr aufgeschlossen und ich war fasziniert von den Methoden des Pilzanbaus, die sie mir näherbrachten. Schon bald fing ich an, eigene Pilzhölzer zu impfen.

Im Jahr 1999 nahm ich das erste Mal als Ausstellerin an einer Pflanzen- und Gartenausstellung, den Hannoverschen Pflanzentagen, teil. Dort präsentierte ich Shiitakefertigkulturen und geimpfte Shiitakehölzer. Die Resonanz auf mein Angebot war äußerst positiv und ich kam mit vielen Besuchern ins Gespräch: Zum Thema Pilze fällt jedem eine Geschichte ein – über das gute Steinpilzjahr oder darüber, dass ein geliebter Baum gefällt werden musste, weil ein Pilz ihn erobert hatte. Dabei wurde mir klar, dass der Pilzanbau im Garten zwar großes In-

Abb. 5 Sommerseitling.

teresse weckt, aber allgemeine Kenntnisse zum Umgang mit Gartenpflanzen schnell übersteigt. Wer als Kind in der Schule gelernt hat, wie man Bohnen aussät, kann dieses Wissen auf andere Pflanzen übertragen. Wie man Pilze anbaut, ist hingegen auch für passionierte Gärtner ein ganz neues Thema, voller Faszination und stets mit einer Prise Mystik. Hinzu kommt, dass es vielen Menschen wieder wichtiger geworden ist, gesunde Lebensmittel selbst zu produzieren – und Pilze sind ohne Zweifel nicht nur lecker, sondern auch gesund.

Bis heute wurden unzählige Stämme geschleppt und mit Pilzkulturen geimpft. Ich habe viel experimentiert, vieles ausprobiert und mich mit Fachleuten und interessierten Hobbypilzanbauern ausgetauscht. Schließlich war ich bereit, das Buch, das mir den Anstoß für dies alles gegeben hat, zu überarbeiten und wieder auf den aktuellen Stand zu bringen.

Allen, die mich dabei unterstützt und begleitet haben, danke ich sehr: meinen Freunden und meinen Mitarbeitern, die mit mir Stämme geschleppt und geimpft haben, und meinem Mann David Long, der das technische Backoffice zu diesem Buch bereitstellte. Danke auch an die Mitglieder des Fachausschusses „Pilzverwertung und Toxikologie“ der Deutschen Gesellschaft für Mykologie, dessen Mitglied ich seit 2008 bin – sie sind immer offen für meine Fragen. Danke auch an Hubert Hopp, Ulrich Groos, Torsten Jonas sowie Gottfried Thumser stellvertretend für viele begeisterte Pilzanbauer, mit denen ich mich über die Jahre ausgetauscht habe.

Ich danke auch Ihnen, liebe Leser, für Ihr Interesse an diesem Buch und an der Welt der Pilze. Ich kann Ihnen versprechen: es lohnt sich!

Ihre
Nicola Krämer

Abb. 6 Pilzhölzer benötigen ein schattiges Plätzchen.

Abb. 7 Rosafarbener Seitling.

Zu Beginn die Grundlagen

Der Mensch und die Pilze

Seit Urzeiten verzehrt der Mensch Pilze und nutzt sie als Heilmittel: Schon Ötzi, die Gletschermumie aus der Jungsteinzeit, hatte Birkenporlinge im Gepäck.

Sicher mussten unsere Vorfahren einen mühsamen und opferreichen Weg zurücklegen, bis sie zwischen giftigen und essbaren Pilzen unterscheiden lernten. So ist es nicht verwunderlich, dass Pilze in den ältesten schriftlichen Quellen keinen besonders guten Ruf genießen: Der griechische Tragiker Euripides (480–406 v. Chr.) schildert das Schicksal einer Familie, die fast vollständig durch eine Pilzvergiftung ausgelöscht wird.

Dennoch verzichtete man im Altertum nicht auf den Verzehr der delikaten Pilze. Der römische Schriftsteller Plinius d. Ä. (23–79 n. Chr.) erzählt von seinen Landsleuten, sie würden besonders Trüffel, Steinpilz und Kaiserling schätzen. Außerdem berichtet er, dass im Jahre 54 n. Chr. Agrippina ihren Gatten Kaiser Claudius mit einem Pilzgericht beseitigte, um die Nachfolge ihres Sohnes Nero zu sichern.

Bereits um diese Zeit begannen die ersten Anbauversuche: Man vergrub an geeigneten Stellen Reste von Steinpilzen oder begoss sie mit Sporenwasser. Auch die Kultur von Champignons und Trüffeln hatte hier ihre Anfänge.

Abb. 8 Der Name „Hexenringe“ für kreisförmig auf der Wiese wachsende Pilze rührt von dem Aberglauben, dass Hexen und Teufel die Pilze wachsen ließen.

Im Mittelalter gerieten alle diese Kenntnisse wieder in Vergessenheit. Nun herrschte der Aberglaube, Hexen und Teufel ließen die Pilze wachsen. Die Hexenringe galten als nächtlicher Versammlungsplatz der Zauberinnen, Elfen und „Schwammgeister“. Erst im Jahre 1630 gelang es aufmerksamen Pariser Gärtnern, wieder einen Weg zum Champignonanbau zu finden. Ludwig XIV. (1638–1715) schätzte diese Pilze sehr. Von der Tafel des Sonnenkönigs gelangte die Delikatesse dann in die europäische Küche.

Heilmittel und Wirtschaftsgut

Schaut man nach Asien, so sind die Pilze dort nicht nur Lebensmittel, sondern, ähnlich unserer europäischen Tradition der Kräuterheilkunde, häufig auch Heilmittel. Der glänzende Lackporling, auch Reishi genannt, findet schon in 4000 Jahre alten Legenden Erwähnung. Auch begann man in China schon vor etwa 2000 Jahren mit dem Anbau des Shiitakepilzes.

Nachdem das Wissen über Pilze nun auch in Europa rasch zunahm, entstanden Anfang des 20. Jahrhunderts zahlreiche große Anbaubetriebe für Champignons. Ab den 1970er-Jahren begannen dann auch Hobbygärtner mit dem Pilzanbau. Vor allem die sogenannte Braunkappe, korrekter als Kulturträuschling bezeichnet, war sehr populär. Inzwischen hat der Champignon im Lebensmittelhandel bei uns sein Alleinstellungsmerkmal verloren. Shiitake und Austernseitlinge (*Pleurotus*) einschließlich Kräuter- und Limonenseitlinge werden nun in größerem Umfang in Mitteleuropa produziert und gelangen frisch in den Handel. Auch die Möglichkeiten, Pilze zu Hause zu kultivieren, haben sich enorm entwickelt – sowohl was die Pilzarten als auch die Kulturmethoden angeht.

Abb. 9 Frischpilze auf dem Lindener Markt in Hannover.

Gute Gründe, Pilze selbst anzubauen

Natürlich kann man heute fast überall das ganze Jahr über frische Pilze kaufen. Neben Champignons sind häufig noch Shiitake, Austernpilze und Kräuterseitlinge im Angebot und im Spätsommer auch Steinpilze und Pfifferlinge.

Allerdings haben manche dieser Pilze bereits eine lange Reise hinter sich, wenn sie in der Einkaufstasche landen, und die Preise sind auch nicht immer nach jedermanns Geschmack.

Frischer und billiger wären natürlich selbst gesammelte Pilze aus dem Wald. Aber dazu muss man erst einmal die essbaren sicher von den giftigen Arten unterscheiden können – und selbst Sammler mit jahrzehntelanger Erfahrung irren sich gelegentlich. Auch Meldungen über einen hohen Schwermetallgehalt in Wildpilzen bremsen die Sammelleidenschaft. Schlechtere Umweltbedingungen, vermutlich auch der Klimawandel sowie die Intensivierung der Waldwirtschaft, sind die Ursachen dafür, dass immer weniger Pilze wachsen, und auch die Unvernunft mancher Sammler trägt dazu bei. So wird das „In-die-Pilze-Gehen" heute oft ein mühsames und langwieriges Unterfangen.

Wenn Sie dagegen selbst Pilze anbauen, lösen Sie fast alle diese Probleme auf einen Schlag: Die natürlichen Bestände werden geschont, ebenso der Geldbeutel, denn kultivierte Pilze sind je nach Anbauart recht preiswert. Sie können sie bequem ernten und so frisch wie sonst kaum möglich auf den Tisch bringen. Und nicht zuletzt ist der Schwermetallgehalt von Zuchtpilzen nachweislich sehr gering.

Heute ist es aufgrund der zahlreichen Angebote von Fertigkulturen oder Pilzbrut auch nicht mehr schwer, Pilze selbst zu züchten. Schon ein kleines Gärtchen, ein schattiger kühler Balkon oder ein Raum im Haus genügen, um diese kalorienarmen Delikatessen heranzuziehen.

Ein weiterer Grund, warum es sich lohnt, Pilze selbst anzubauen: Pilze sind faszinierende Lebewesen und es macht einfach Freude, ihr Wachstum zu beobachten und die eigene Ernte frisch zu genießen.

Tipp

Bereiten Sie die Pilze, die Sie kultivieren möchten, erst einmal zu und kosten sie, bevor Sie sich mit ihrem Anbau beschäftigen. Nach den weniger bekannten Arten fragen Sie am besten in einem Bioladen oder Supermarkt mit guter Gemüseabteilung. Die Einkäufer dort können weit mehr Produkte auf Bestellung besorgen, als offiziell im Laden angeboten werden. Fragen Sie dabei auch, woher die Pilze stammen, ob von Pilzherstellern aus Deutschland oder von sehr weit weg, etwa aus Südkorea, – denn es gilt: je näher, desto frischer!

Ein bisschen Theorie

Wenn wir von Pilzen sprechen, denken wir häufig nur an die „Männlein im Walde", auffällige Fruchtkörper mit Hut und Stiel. Wir sind jedoch umgeben von Pilzen, die wir gar nicht wahrnehmen, denn die meisten Pilze sind so winzig, dass man sie erst im Mikroskop erkennt.

Nur bei einem Bruchteil der bekannten Arten kann man zumindest die Fruchtkörper mit bloßem Auge sehen. Oder die Pilze sind zwar gigantisch groß, aber dennoch unsichtbar, weil sie sich im Boden verbreiten. Als größter bekannter Pilz der Welt gilt ein Hallimasch im US-Bundesstaat Oregon. Mit einer Ausdehnung von 880 Hektar gilt der über 2000 Jahre alte Pilz sogar als das größte bekannte Lebewesen der Erde. Man erfasste seine Ausmaße erst vor etwa 20 Jahren.

Oft wird vergessen, dass Pilze eine große Rolle in der Lebensmittelherstellung spielen: Kefir und Käse wären ohne sie nicht denkbar. Ebenso gäbe es ohne Hefepilze kein Brot, kein Bier und keinen Wein. Für manche Lebensmittel finden nicht die Fruchtkörper Verwendung, sondern auch das Myzel (Definition Seite 16): So stellt man aus dem Schlauchpilz *Fusarium venenatum* Mykoprotein her, das unter anderem mit Hühnerei zu einer Art Fleischersatz („Quorn") verarbeitet wird. Darü-

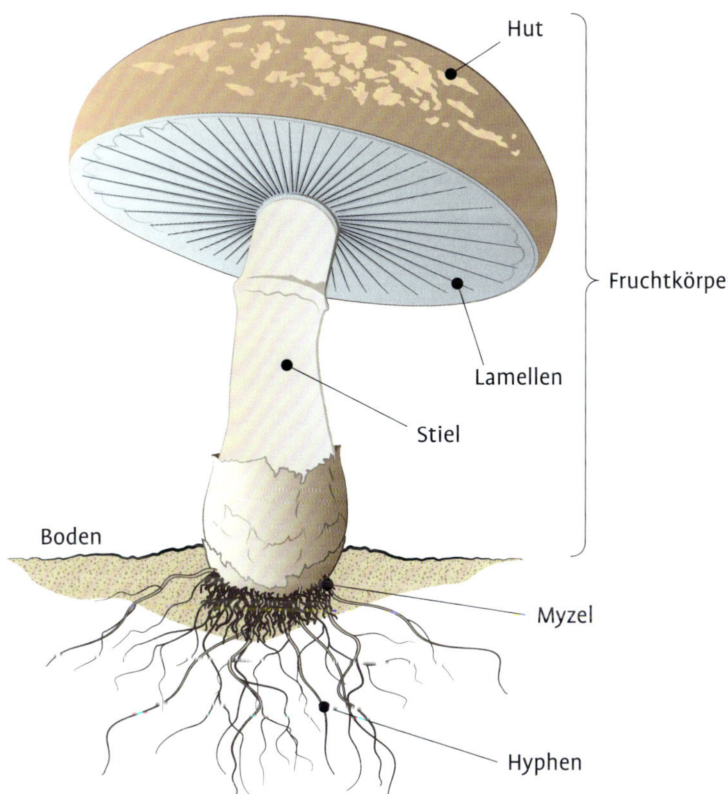

Skizze 1 Aufbau eines Großpilzes.

ber hinaus finden Pilze Einsatz in der Bodensanierung sowie in der Forstwirtschaft und es gibt Versuche, mithilfe von Myzelien (etwa von *Pleurotus*) aus Fasermaterialien wie Hanf oder Stroh kompakte (Bau-)Stoffe herzustellen. Pilze liefern jedoch auch wichtige Medikamente, beispielsweise die Antibiotika. Daneben scheinen einige kultivierbare Speisepilze sehr gesunde Inhaltsstoffe zu besitzen, die die Mykotherapie für ihre Zwecke nutzt.

Andererseits sorgt eine Reihe von Schimmelpilzen dafür, dass Nahrungsmittel verderben. Zudem können Pilzkrankheiten Menschen, Tiere und Pflanzen befallen und sie empfindlich schädigen.

Die Gestalt der Pilze

Die meisten unserer Speisepilze bilden einen Fruchtkörper, der aus Hut und Stiel besteht. Natürlich fruchten einige Pilzarten völlig anders, etwa die Trüffel. Die Arten, die auch für den Hobbypilzanbauer interessant sind, bilden aber fast alle die „klassische" Fruchtkörperform aus (Skizze 1 auf Seite 15). An der Unterseite des Hutes findet man je nach Pilzart in der Regel Lamellen oder Röhren, in denen zahllose mikroskopisch kleine Sporen sitzen. Diese Sporen sind vergleichbar mit den Samen der Pflanzen.

Der Stiel hat die Aufgabe, den Hut möglichst hochzuhalten, damit der Wind die reifen Sporen wegtragen kann. Unter der Erde oder in der Nährgrundlage, etwa einem Holzstamm, verbergen sich aber noch weitere Teile des Pilzes: Gleich unterhalb des Stiels befindet sich ein dichtes schimmelartiges Geflecht, das Myzel. Es besteht aus zahllosen feinen Fäden, den sogenannten Hyphen. Die einzelnen Pilzfäden sind sehr dünn und nur unter dem Mikroskop zu erkennen.

Das Myzel ist dazu da, die Nährstoffe zu speichern, die für die Entwicklung des Fruchtkörpers nötig sind. Die Hyphen, die noch im Umkreis von einigen Metern um den Fruchtkörper zu finden sind, haben die Aufgabe, diese Nährstoffe aufzunehmen und weiter zu transportieren.

Reichhaltige Inhaltsstoffe

Speisepilze tragen zu einer ausgewogenen und abwechslungsreichen Ernährung bei und sie haben einen geringen Kohlenhydrat- und Fettgehalt. So enthalten 100 g Frischmasse nur etwa 30–50 kcal.

Interessant ist auch der Vitamingehalt der Pilze: Shiitake enthält zum Beispiel Vitamin C. Auch Vitamin D, das zu unserer Knochengesundheit beiträgt und in grünen Pflanzen nicht vorkommt, wurde in Pilzen nachgewiesen. Besonders reich in Pilzen enthalten sind die Vitamine der B-Gruppe. Durch häufigeren Pilzgenuss können wir uns mit den essenziellen B-Vitaminen Riboflavin (B2), Niacin (B3), Pantothensäure (B5) und Biotin (B7) versorgen. Pilze gehören außerdem zu den wenigen nicht tierischen Nahrungsquellen für Vitamin B12. Ebenso nehmen wir mit einer Pilzmahlzeit wichtige Mineralstoffe wie Kalium und Phosphor in größeren Mengen auf.

Die Zellwände der Pilze enthalten Chitin und oft auch Zellulose. Beide Substanzen sind schwer verdaulich und regen als Ballaststoffe die Darmtätigkeit an. Sie bewirken aber auch, dass das in den Zellen eingeschlossene Pilzeiweiß nur zu einem Teil verwertet werden kann.

Achtung

Shiitakeunverträglichkeit: In sehr seltenen Fällen kann der Verzehr von Shiitakepilzen eine allergische Hautreaktion an Körper, Armen, Beinen und Nacken verursachen. Diese sogenannte Shiitake- oder Flagellanten-Dermatitis äußert sich in juckenden Striemen und tritt vermehrt an lichtexponierten Hautstellen auf. Vermutlicher Auslöser ist das Polysaccharid Lentinan, ein natürlicher Inhaltsstoff des Pilzes. Auch das vollständige Durchgaren des Shiitake schützt nicht vor der Reaktion. Laut Bundesinstitut für Risikobewertung ist die Shiitakeunverträglichkeit sehr selten und vergleichbar mit anderen allergischen Reaktionen.

Nährwertangaben für bekannte Speisepilze

	Champignons	Austernpilze	Kräuterseitlinge	Shiitake
Trockenmasse	0,4 g/100 g	9,3 g/100 g	10,9 g/100 g	10,9 g/100 g
Wasser	89,7 g/100 g	90,7 g/100 g	89,2 g/l00 g	89,1 g/100 g
Fett	0,6 g/100 g	0,7 g/100 g	0,5 g/100 g	0,5 g/100 g
Gesamteiweiß	3,0 g/100 g	1,9 g/100 g	2,3 g/100 g	3,1 g/100 g
Asche	0,96 g/100 g	0,67 g/100 g	0,74 g/100 g	0,77 g/100 g
Gesamtballast	1,3 g/100 g	4,6 g/100 g	4,8 g/100 g	4,5 g/100 g
Glukose	0,33 g/100 g	1,01 g/100 g	0,93 g/100 g	0,22 g/100 g
Kohlenhydrate	4,5 g/100 g	1,4 g/100 g	2,5 g/100 g	2,0 g/100 g
Brennwert	35 kcal/100 g	20 kcal/100 g	24 kcal/100 g	25 kcal/100 g
Natrium	4,8 mg/100 g	2,5 mg/100 g	1,5 mg/100 g	1,4 mg/100 g
Kalium	339 mg/100 g	216,5 mg/100 g	265 mg/100 g	249 mg/100 g
Kalzium	0,43 mg/100 g	0,44 mg/100 g	0,37 mg/100 g	1,3 mg/100 g
Magnesium	8,9 mg/100 g	10,4 mg/100 g	13,9 mg/100 g	12,1 mg/100 g
Eisen	0,39 mg/100 g	0,58 mg/100 g	0,65 mg/100 g	1,4 mg/100 g
Phosphor	91,5 mg/100 g	57,8 mg/100 g	98,9 mg/100 g	81,7 mg/100 g
Zink	0,34 mg/100 g	0,38 mg/100 g	0,57 mg/100 g	0,96 mg/100 g
Kupfer	0,19 mg/100 g	0,09 mg/100 g	0,08 mg/100 g	0,15 mg/100 g
Selen	0,07 mg/100 g	< 0,01 mg/100 g*)	< 0,01 mg/100 g*)	< 0,024 mg/100 wg
Mangan	< 0,05 mg/100 g	0,05 mg/100 g	0,09 mg/100 g	0,21 mg/100 g
Vitamin A	0,75 µg/100 g	0,90 µ/100 g	0,95 µg/100 g	1,05 µg/100 g
Vitamin B	0,10 mg/100 g	0,08 mg/100 g	0,12 mg/100 g	0,03 mg/100 g
Vitamin B2	0,41 mg/100 g	0,16 mg/100 g	0,16 mg/100 g	0,23 mg/100 g
Vitamin B6	0,04 mg/100 g	0,03 mg/100 g	0,01 mg/100 g	0,02 mg/100 g
Vitamin B11	0,35 µg/100 g	0,31 µg/100 g	0,56 µg/100 g	0,23 µg/100 g
Pantothensäure	0,66 mg/100 g	1,07 mg/100 g	0,94 mg/100 g	0,86 mg/100 g
Niacin	2,45 mg/100 g	2,82 mg/100 g	4,96 mg/100 g	3,81 mg/100 g
Biotin	0,010 mg/100 g	0,001 mg/100 g	0,010 mg/100 g	0,009 mg/100 g
Folsäure	0,013 mg/100 g	0,014 mg/100 g	0,034 mg/100 g	0,026 mg/100 g
Vitamin K1	< 0,10 µg /100 g	< 0,10 µg /100 g	< 0,10 µg /100 g	< 0,10 µg /100 g
Vitamin C	2,77 mg/100 g	0,48 mg/100 g	0,38 mg/100 g	1,12 mg/100 g
Vitamin D2	< 0,05 µg /100 g	< 0,05 µg /100 g	< 0,05 µg /100 g	< 0,05 µg /100 g
Vitamin E gesamt	0,008 mg/100 g	0,008 mg/100 g	0,005 mg/100 g	0,008 mg/100 g

*) entspricht der Nachweisgrenze

Aus: Wernhard Einar Schmidt, „Anbau von Speisepilzen“ (Verlag Eugen Ulmer)

Mykotherapie

Angelehnt an den Begriff der Phytotherapie, der Pflanzenheilkunde, hat sich die Mykotherapie entwickelt: die therapeutische Anwendung von Pilzen, vorzugsweise Großpilzen (also Pilzen mit sichtbarem Fruchtkörper) und daraus gewonnenen Extrakten. Diese werden in Deutschland überwiegend als Nahrungsergänzungsmittel angeboten, weniger als verschreibungspflichtige Medikamente. Einige Pilze, die Anwendung in der Mykotherapie finden, sind auch hervorragende Speisepilze, etwa der Shiitake, der Klapperschwamm oder der Igelstachelbart.

Im Zusammenhang mit den sogenannten Heil- oder Vitalpilzen steht auch häufig der Begriff der Traditionellen Chinesischen Medizin (TCM). Einige Pilzarten oder ihre Produkte werden in der TCM unter japanischen oder chinesischen Bezeichnungen angeboten, obwohl es für sie auch deutsche Namen gibt. So ist der Reishi oder Ling Zhi der Glänzende Lackporling und der Maitake der Klapperschwamm.

Empfehlungen zur therapeutischen Nutzung von Pilzen werden in diesem Buch nicht gegeben. Bitte informieren Sie sich dazu in der medizinisch-pharmazeutischen Fachliteratur und wenden Sie sich an sachkundige Mediziner und Heilpraktiker.

Die nützliche und geheimnisvolle Lebensweise der Pilze

Pilze besitzen kein Blattgrün und sind deshalb auf Nährstoffe angewiesen, die von anderen Lebewesen synthetisiert wurden. Um sich zu ernähren, haben Pilze insbesondere folgende Strategien entwickelt:

Saprobionten: Sehr viele Pilzarten leben sapotroph, das heißt, sie ernähren sich von abgestorbenem organischem Material. Vielfach liest man auch den ähnlichen Begriff Saprophyten, der jedoch eher in der Botanik benutzt wird. Man unterscheidet zwischen Pilzen, die Braunfäule hervorrufen, und solchen, die Weißfäule verursachen. Erstgenannte sind nur in der Lage, Zellulose zu zersetzen. Unsere holzzersetzenden Speisepilze wie zum Beispiel *Pleurotus* gehören zu den Weißfäulepilzen, die auch Lignin zersetzen können. Einige sind aber auch mit Stroh als Nährgrundlage zufrieden. Beide

Abb. 10 Schwefelporling (*Laetiporus sulphureus*).

Zersetzertypen spielen eine wichtige Rolle im Kreislauf der Natur. Sie sorgen dafür, dass sich im Wald keine Berge von Holzstämmen, Ästen und Baumstümpfen ansammeln und dass aus Totholz wieder Humus für neues Pflanzenwachstum wird.

Der Schwefelporling (*Laetiporus sulphureus*) ist wegen seiner Größe und der leuchtenden Färbung ein sehr auffälliger Holzzersetzer, der Braunfäule hervorruft. Er wächst an lebenden Bäumen, aber auch an liegenden Totholzstämmen, und fruchtet im Sommer. Pilze bilden ihre Fruchtköper also keineswegs nur im Herbst.

Pilze als Parasiten: Pilze können auch parasitisch leben. So befällt der Hallimasch (*Armillaria*) lebende, meist schon geschwächte Wirtsgehölze und entzieht ihnen so viele Nährstoffe, dass sie schnell absterben. Danach ernährt sich der Pilz noch viele Jahre vom Totholz seines Wirts. Einige Hallimasch-Arten werden auch von Wildpilzkennern zum Verzehr gesammelt, aber solche Arten durch Pilzanbau weiter zu verbreiten, schließen wir definitiv aus.

Primärzersetzer: Pilze, die Pflanzenbestandteile wie Lignin und Zellulose direkt abbauen können.

Sekundärzersetzer: Die in diesem Buch beschriebenen Kompostpilze sind eher Sekundärzersetzer (auch Folgezersetzer genannt). Sie benötigen zwar Lignin und Zellulose, aber damit sie das Material verwerten können, muss es vorverrottet sein. So wird für den Champignon ein spezielles Substrat aus Pferdemist und Hühnergülle erzeugt, das man in der Pilzerzeugung zwar als Kompost bezeichnet, das sich aber deutlich von unserem Gartenkompost unterscheidet. Große Champignon-Pilzfarmen sind häufig in der Nähe von Hühnermastanlagen angesiedelt.

Mykorrhiza-Pilze: Ein sehr geheimnisvolles Dasein führen die Mykorrhiza-Pilze, die in Symbiose mit höheren Pflanzen leben. So haben die meisten Waldbäume dicht mit Pilzmyzel umsponnene Seitenwurzeln. Beide Partner einer solchen Symbiose profitieren von dieser Gemeinschaft: Die Hyphen des Pilzes vergrößern das Wurzelwerk des Baumes beträchtlich und verbessern seine Nährstoff- und Wasseraufnahme. Dafür erhält der Pilz vom Baum verschiedene organische Verbindungen. Einige sehr geschätzte Speisepilze wie etwa die Trüffel können ohne Symbiose nicht einmal Fruchtkörper bilden – das ist der Grund, warum die Kultur von Trüffeln solche Schwierigkeiten bereitet. Pfifferling und Steinpilz sind überhaupt nicht kultivierbar.

Begriffe

Für das Verständnis der Kulturmethoden ist es wichtig, zuerst noch einige Begriffe zu erklären.

Substrat

Um Pilze anbauen zu können, ist zunächst eine Nährgrundlage bzw. ein Substrat notwendig – zum Beispiel Stroh, kompostierter Pferdedung oder Holz. Umgangssprachlich hat sich der Begriff „Substrat" im Pilzanbau eher für Mischungen eingebürgert, auf denen Pilze anbaut werden. Streng genommen ist auch ein Holzstamm, der von Pilzen besiedelt wird, ein Substrat. In diesem Buch sprechen wir aber der Einfachheit halber von Substraten, wenn wir Mischungen von Stroh, Holzspänen und anderem mit Pilzbrut meinen, und davon abgesetzt von Holzstämmen.

Pilzbrut

Wildpilze vermehren sich durch Sporen. Einfacher und effektiver ist es im Pilzanbau jedoch, ein Substrat mit Myzel in Form von Pilzbrut zu impfen (Abb. 11), gewerbliche Pilzzüchter sagen hierzu auch „spicken".

Pilzbrut wird auf Basis von Getreide, Stroh, Holzfasern oder Holzdübeln hergestellt. Diese Materialien sind Träger und Nährboden für das zarte Pilzmyzel. Um dieses dafür portionieren zu können, wird es auf sterilisierten Nährgrundlagen vorgezogen, üblicherweise auf Agar-Agar in Petrischalen.

Die Herstellung von Pilzbrut entspricht einer vegetativen Vermehrung, vergleichbar der

Abb. 11 Pilzbrut, verschiedene Arten.

Stecklingsvermehrung von Pflanzen. Die Herausforderung beim Herstellen von Pilzbrut ist die erforderliche hohe Reinheit. Unter normalen Raumluftbedingungen sind immer Schimmelsporen oder Bakterien im Substrat und in der Luft enthalten. Würden sie in den Brutansatz hineingelangen, so würden sie diesen kontaminieren und verderben.

Tipp

Gesundes Substrat und gesunde Brut sind die wichtigsten Voraussetzungen für einen erfolgreichen Pilzanbau.

Brutqualität

Pilzbrut selbst herzustellen, ist nicht einfach aber möglich: siehe Seite 152). Aber auch gekaufte Pilzbrut sollten Sie sofort auf ihre Qualität hin überprüfen. Gute Pilzbrut muss fast vollständig von weißem Myzel durchwachsen sein. Grüne, rote oder graubraune Stellen deuten auf Schimmelbefall hin. Hier sollten Sie sofort reklamieren. Auch der Geruch ist wichtig: Gute Pilzbrut riecht beim Öffnen der Packung angenehm würzig oder pilzig, schlechte hingegen modrig, muffig oder säuerlich.

Pilzbrut ist schon immer ein Versandprodukt gewesen. Brut oder Kulturen, zum Beispiel Hobby-Champignon-Kulturen, gibt es aber auch gelegentlich im Gartencenter oder Baumarkt. Liegen sie dort schon länger ungekühlt, ist von einem Kauf abzuraten, denn Pilzbrut hält sich nicht ewig. Je wärmer sie lagert, desto schneller wächst das Myzel in der Packung. Dabei verbraucht es die Nährstoffreserven des Substrats und verliert an Wuchskraft.

So kann es vorkommen, dass die Brut nicht mehr vital ist, obwohl sie noch gesund aussieht und riecht. Im Zweifelsfall sollten Sie nach Erhalt eine Keimprobe machen.

Abb. 12 Beimpfte Holzdübel: Das Myzel vom Shiitake ist hier gut sichtbar.

Abb. 13 Keimprobe: Qualitätstest der Pilzbrut. Links: Myzel erkennbar; rechts: Myzel nicht erkennbar.

Keimprobe

Für eine Keimprobe legen Sie 2–3 Lagen befeuchtetes Küchen- oder Löschpapier in den umgedrehten Deckel eines Einmachglases oder in einen Teller. Nun schieben Sie aus der Brutpackung mindestens 10–15 Körner (oder auch anderes Pilzbrutmaterial wie Stroh), ohne die Brut zu berühren, und verteilen sie dabei auf dem feuchten Papier. Darüber kommt ein schräg gestelltes Glas. Die Probe soll nun 3–4 Tage an einem schattigen Platz bei etwa 20 °C stehen, die Brut darf dabei nicht austrocknen. Ist sie noch gut keimfähig, müssen 80–100 % der Körner (Strohstücke) mit einem weißen Myzelflaum bedeckt sein (linke Schale in Abb. 13 auf Seite 22). Ist dies nicht der Fall (rechte Schale), sollte die Brut unverzüglich reklamiert werden.

Beimpfung, Wachstum, Ernte

Hat sich die Brut als gesund erwiesen, so können Sie das Substrat damit beimpfen. Nun muss sich das Myzel in der Nährgrundlage ausbreiten. Dieser Zeitraum wird als Durchwachs- oder Anwachsphase bezeichnet. Wenn das Myzel sein Wachstum abgeschlossen hat, setzt bald darauf die Fruchtkörperbildung ein und Sie können ernten.

Tipp

Achten Sie vor dem Kauf darauf, dass bei den Produktinformationen das Volumen oder das Gewicht der Pilzbrut und bei Impfdübeln die genaue Anzahl angegeben ist. Dann können Sie Preise vergleichen und auch besser kalkulieren, welche Menge Sie für Ihr Vorhaben benötigen.

Abb. 14 Kräftige Myzelbildung an der Impfstelle.

Tipp

Das Frühjahr ist die Hauptsaison für den Pilzanbau auf Holz. Pilzbrutlieferanten haben sich natürlich darauf eingestellt und haben dann meist ein größeres Sortiment im Angebot. Dennoch empfiehlt es sich, dass Sie die Pilzbrut mindesten 2 Wochen vor Ihrem Wunschtermin bestellen, vor allem, wenn Sie eine größere Menge benötigen.

Abb. 15 Nahaufnahme einer gut durchwachsenen Strohbrut.

Die Zuchtpilze im Überblick

Die folgende Tabelle liefert einen Überblick über die in diesem Buch beschriebenen Pilze, Detailinformationen zu jedem Pilz gibt es im entsprechenden Porträt im Hauptteil des Buches.

Pilze und Anbaumethoden

	Anbau auf Stroh/Pellets	**Anbau auf Holz**	**Anbau auf Kompost (Pferdemist)**	**Sackkultur (Holzspäne, Stroh)**	**Fertig-kulturen (Seite 134)**
Austernpilze (*Pleurotus ostreatus*)	Seite 32	Ja		Ja	Ja
Kulturträuschling (*Stropharia rugoso-annulata*)	Seite 47				
Buchenpilz (*Hypsizygus tessulatus*)					Seite 146
Champignon (*Agaricus bisporus*)			Seite 114		Ja
Graublättriger Schwefelkopf (*Hypholoma capnoides*)		Seite 104			
Igelstachelbart (*Hericium erinaceus*)					Seite 143
Judasohr (*Auricularia auricula-judae*)		Seite 102			
Kräuterseitling (*Pleurotus eryngii*)					Seite 141
Leuchtpilz, Knäueling (*Panellus stipticus*)		Seite 111			
Limonenseitling (*Pleurotus citrinopileatus*)	Seite 44	Ja		Ja	Ja
Lungenseitling, Kastanienseitling (*Pleurotus pulmonarius*)	Ja	Seite 89		Ja	Ja
Nameko (*Pholiota nameko*)		Seite 106			Ja
Parasol (*Macrolepiota procera*)	Seite 131				Ja

Wenn für Pilzarten mehrere Anbaumethoden möglich sind (wie beim Austernpilz), ist die Seitenzahl nur für das jeweilige Hauptkapitel angegeben. Anbau auf Kaffeesatz wird auf Seite 54 beschrieben und die Zucht von Trüffeln (*Tuber melanosporum*) auf Seite 147.

Pilze und Anbaumethoden (Fortsetzung)					
	Anbau auf Stroh/Pellets	**Anbau auf Holz**	**Anbau auf Kompost (Pferdemist)**	**Sackkultur (Holzspäne, Stroh)**	**Fertigkulturen (Seite 134)**
Reishi (*Ganoderma lucidum*)		Seite 108			Ja
Rosafarbener Seitling (*Pleurotus salmoneo-stramineus*)	Seite 46	Ja		Ja	Ja
Samtfußrübling (*Flammulina velutipes*)		Seite 97			Ja
Schopftintling (*Coprinus comatus*)	Ja		Seite 126		
Shiitake (*Lentinula edodes*)		Seite 77		Ja	Ja
Sommerseitling (*Pleurotus ostreatus* fm. *Florida*)	Ja	Seite 90		Ja	Ja
Stockschwämmchen (*Kuehneromyces mutabilis*)		Seite 93			Ja
Südlicher Ackerling (*Agrocybe aegerita*)		Seite 100			Ja
Taubenblauer Seitling (*Pleurotus columbinus*)	Ja	Seite 91			
Ulmenseitling (*Hypsizygus ulmarius*)	Ja	Seite 92		Ja	
Violetter Ritterling (*Lepista nuda*)			Seite 132		

Wenn für Pilzarten mehrere Anbaumethoden möglich sind (wie beim Austernpilz), ist die Seitenzahl nur für das jeweilige Hauptkapitel angegeben. Anbau auf Kaffeesatz wird auf Seite 54 beschrieben und die Zucht von Trüffeln (*Tuber melanosporum*) auf Seite 147.

Den Doppelgängern aus dem Weg gehen

Einige der vorgestellten Speisepilze haben ungenießbare und giftige Doppelgänger in der Natur.

Wenn Sie diese Pilze im Garten auf Holzstämmen, an Baumstümpfen im Erdreich oder als Bodenkultur anbauen, sollten Sie Ihre angebaute Ernte vor Verzehr genau wie beim Pilzesam-

Zuchtpilze und ihre ungenießbaren oder giftigen Doppelgänger			
Pilzart	**Anbau im Garten**	**Doppelgänger oder entfernt ähnliche Arten**	**Weiteres**
Austernpilz	Holzstämme, Baumstümpfe im Erdreich	Gelbstieliger Muschelseitling (Panellus serotinus, keine Empfehlung als Speisepilz)	Beide Arten werden gelegentlich nah beieinander an Bäumen gefunden.
Champignon, Weißer	Bodenbeete, Kompost	Karbolegerlinge (*Agaricus xanthodermus*, giftig), und weitere ähnliche auch giftige Agaricus-Arten Grüner Knollenblätterpilz (Amanita phalloides, giftig)	Ernte von angelegten Kulturen muss eindeutig bestimmt sein.
Champignon, Brauner	Bodenbeete, Kompost	Kompostegerling (*Agaricus capellianus*, keine Empfehlung als Speisepilz) Rebhuhn-Champignon (*Agaricus phaeolepidotus*, giftig)	Ernte von angelegten Kulturen muss eindeutig bestimmt sein.
Graublättriger Schwefelkopf	Holzstämme, Baumstümpfe im Erdreich	Ziegelroter Schwefelkopf (*Hypholoma lateritium, bitter*), und Grünblättriger Schwefelkopf *(Hypholoma fasciculare, giftig)* Gifthäubling (*Galerina marginat*, giftig).	Ziegelroter Schwefelkopf erscheint nur auf Laubholz.
Kulturträuschling	Strohkulturen, Gehölzhäcksel	Funde der Wildart sind auch im Garten möglich. Es gibt Berichte über individuelle Unverträglichkeiten sowie Vergiftungen mit Riesen-Träuschlingen, die in Parkanlagen gesammelt wurden.	Die Wildart ist in Gärten und Parks in Ausbreitung begriffen, wegen der Verwendung von Holzhäckseln und Rindenmulch.
Nameko	Holzstämme, Baumstümpfe im Erdreich	Entfernte Ähnlichkeit mit Stockschwämmchen und Schwefelköpfen, vgl. Hinweise bei Stockschwämmchen.	Ernte von Holzstämmen muss eindeutig bestimmt sein.

meln in Feld, Wald und Wiese immer sachkundig prüfen. Wenn Sie beispielsweise im Garten Bodenbeete mit Brut vom Champignon oder dem Parasol anlegen, so sollten Sie in der Lage sein, die Ernte eindeutig als den gewünschten Kulturpilz zu bestimmen. Von Pilzfarmen hergestellte Fertigkulturen, z.B. Champignonzuchtboxen sind natürlich sicher. Die zweiseitige Tabelle gibt einen ersten Überblick über mögliche Verwechslungen mit Doppelgängern, auch in freier Natur.

Wer sich unsicher ist, was er erntet, kann einen Pilzsachverständigen zu Rate ziehen. Adressen von offiziellen Pilzsachverständigen gibt es bei der Deutschen Gesellschaft für Mykologie (DGfM).

Zuchtpilze und ihre ungenießbaren oder giftigen Doppelgänger (Fortsetzung)

Pilzart	**Anbau im Garten**	**Doppelgänger oder entfernt ähnliche Arten**	**Weiteres**
Parasol	In den Boden gesetzte Substrate	Diverse Schirmlinge können im Garten vorkommen, etwa Safranschirmling (***Chlorophyllum olivieri***, essbar), Grünsporschirmling (***Chlorophyllum molybdites***, giftig), Gift-Riesenschirmling (***Chlorophyllum brunneum***, giftig).	Ernte von angelegten Kulturen muss eindeutig bestimmt sein. Einwanderung weiterer (auch giftiger) Arten auch über Kompost und Blumenerde möglich.
Schopftintling	In den Boden gesetzte Substrate	Falten-Tintling (***Coprinus atramentarius***), der in Verbindung mit dem Genuss alkoholischer Getränke zu Vergiftungserscheinungen führt.	
Shiitake	Holzstämme	Pappelschüppling (***Hemipholiota populnea***, Syn. ***Pholiota populnea*** ungenießbar), meist an den Stirnseiten gefällter Pappeln	Shiitake wächst nicht auf Pappelholz.
Stockschwämmchen	Holzstämme, Baumstümpfe im Erdreich	Relativ häufiger Doppelgänger im Wald ist der Gifthäubling (***Galerina marginata***, giftig). Stockschwämmchen haben auch Ähnlichkeit mit den verschiedenen Schwefelköpfen (z.T. giftig oder nicht genießbar), es besteht außerdem Ähnlichkeit mit dem ess- und kultivierbaren Nameko.	Ernte von Holzstämmen muss eindeutig bestimmt sein.
Südlicher Ackerling	Holzstämme, Baumstümpfe im Erdreich	Ähnlichkeit mit diversen Schüpplingen (***Pholiota***, auch giftige)	Ernte von Holzstämmen muss eindeutig bestimmt sein.
Violetter Rötelritterling	Bodenbeete, Kompost	Violetter Schleierling (***Cortinarius violaceus***, keine Empfehlung als Speisepilz)	

Abb. 16 Nameko auf Substrat.

Pilze anbauen

Pilze auf Stroh oder Strohpellets

Sie können den Austernpilz und einige andere Seitlinge auf Holz anbauen, aber praktischerweise auch auf Stroh oder Strohpellets, und das sogar ohne Garten!

Abb. 17 Limonenseitling auf Strohsubstrat (Sackkultur).

Für den Anbau von Pilzen auf Stroh gibt es mehrere Möglichkeiten. Sie können Pilzkulturen auf ganzen Strohballen, auf gehäckseltem Stroh oder auf Strohpellets anlegen. Stroh wird vom Pilz viel schneller als Holz besiedelt. Sie können sich also innerhalb von wenigen Wochen über die erste Ernte freuen.

Alle Strohprodukte müssen vor dem Impfen mit der Pilzbrut immer gut in Wasser eingeweicht werden. Damit wird die wasserabweisende Schicht, die die Strohhalme umgibt, aufgelöst. Weicht man das Stroh bis zu einer Fermentierung ein, so schafft man dem Pilzmyzel noch bessere Wachstumsbedingungen.

Strohballen-Kulturen

Der Pilzanbau auf ganzen Strohballen im Garten, diese traditionelle Methode, die schon ausführlich in früheren Fassungen dieses Buches beschrieben wurde, darf hier natürlich nicht fehlen. Strohballenkulturen erfordern jedoch recht viel Platz im Garten. Es muss zunächst ein großer Behälter zum Einweichen her. Ein Einweichen im Haus, gar in der Badewanne, ist nicht zu empfehlen. Der nasse Ballen wird sehr schwer und das Einweichwasser verfärbt sich dunkel. Auch sind Strohballen in handlicher Größe nicht mehr so leicht zu bekommen, schon gar nicht für Städter.

Topfkulturen

Zum Anbau auf Strohballen gibt es inzwischen gute Alternativen. Neben Strohhäckseln in Säcken haben sich vor allem Pelletkulturen in Kunststoffblumentöpfen bewährt. Die Pellets sind praktisch zu händeln und die Topfkulturen lassen sich draußen schneckengeschützt platzieren oder im Haus ganzjährig kultivieren.

Alle Methoden für den Anbau von Seitlingen auf Stroh sind im Kapitel Austernpilz beschrieben. Darüber hinaus hat jeder Seitling in diesem Buch auch ein eigenes Pilzporträt, in dem seine Besonderheiten beschrieben sind, z. B. besondere Temperaturansprüche oder Erntetipps.

Kulturträuschling – der Sonderling

Ein weiterer Strohbewohner, dem ein eigenes Kapitel gewidmet ist, ist der Kulturträuschling. Er braucht sowohl Bodenkontakt als auch grobes Material, ein Anbau auf Strohpellets in Töpfen oder Sackkulturen scheiden also aus. Der Kulturträuschling wächst sowohl auf Strohballen als auch auf frischem Häckselgut. Man kann sogar im Garten anfallendes Strauchschreddergut nutzen, um ihn zu kultivieren.

Tipps für Einsteiger

Eine Strohkultur gelingt gut mit Austernseitlingen und einigen seiner Verwandten, z. B. dem knallgelben Limonenseitling. Mit ihrem kräftigen Myzel besiedeln diese Pilzarten das Stroh sehr schnell und bilden bald große, dichte Pilzbüschel aus.

Der Anbau ist besonders praktisch mit Pellets aus gepresstem Stroh. Das ist ganzjährig auch im Haus möglich. Dafür werden Strohpellets eingeweicht und in Kunststoffblumentöpfen, die man vielleicht sowieso im Haushalt hat, mit Pilzbrut vermischt. Nach 4–6 Wochen erscheint die erste von mehreren Erntewellen. Bitte verwenden Sie nur Pellets aus gepresstem Stroh, nicht aus Heu.

Austernpilz

Wissenschaftlicher Name: *Pleurotus ostreatus*
Synonym: Austernseitling
Internationale Bezeichnung: Oyster mushroom

Manche Waldspaziergänger sind schon am Austernpilz (*Pleurotus ostreatus*) vorbeigekommen, ohne ihm besondere Beachtung zu schenken. Er oder auch der Taubenblaue Seitling (*Pleurotus columbinus*) wachsen bei uns gelegentlich im Spätherbst und Winter büschelweise auf den Stümpfen von Laubbäumen. Der Pilz wird oft auch „Austernseitling" genannt, weil sein Stiel fast immer an der Seite des Hutes ansetzt und besonders die Kappen junger Pilze an Austern erinnern. Für alle anderen Pilze der Gattung *Pleurotus* ist der Begriff Seitling ebenfalls passend. Alle Seitlinge bis auf den Kräuterseitling sind einfach anzubauen und fruchten schnell und meist auch häufig. Sie sind ideal für den Einstieg in den Pilzanbau. Selbst auf Holzabfällen und Gülle-Sägemehl-Substrat wurden Austernpilze mit Erfolg gezogen.

Aussehen

Austernpilz-Hüte können einen Durchmesser von 6–20 cm erreichen. Die Färbung variiert sehr stark, es gibt gelbliche, braune, graubraune, graue oder stahlblaue Typen. Die Lamellen sind je nach Typ weißlich, hellbraun oder hellgrau und laufen weit am Stiel herab. Dieser ist ähnlich wie die Lamellen gefärbt, wird 1–4 cm lang und 1–3 cm breit. Meist sitzt er nicht in der Mitte des Hutes.

Bei jungen Pilzen ist der Hutrand nach unten gewölbt, später steht er waagrecht und bei überreifen Pilzen wölbt er sich nach oben. Das Fleisch des Austernpilzes ist weiß und fest. Es riecht angenehm aromatisch und schmeckt mild. Bei überreifen Pilzen können vor allem die Stiele zäh und holzig sein.

Der Austernpilz hat noch einige essbare und kultivierbare Verwandte, beispielsweise den Limonenseitling (*Pleurotus cornucopiae* var. *citrinopileatus*) oder den Taubenblauen Seitling (*Pleurotus columbinus*). Gerade der Anbau der letztgenannten Art ist besonders interessant, weil sie im Gegensatz zu fast allen anderen kultivierbaren Pilzen auch auf Nadelholz gedeiht, allerdings mit geringerem Ertrag.

Abb. 18 Der Austernpilz (*Pleurotus ostreatus*) auf Strohpellets.

Verschiedene Typen

Auch für den Hobbybereich gibt es Brutmaterial verschiedener Zuchtvarianten des Austernpilzes zu kaufen. Die **Ganzjahressorte** ist ideal für viele Anwendungen, denn sie fruchtet häufig – sowohl im Frühjahr und Herbst als auch im Sommer nach einem Kältereiz durch Wetterwechsel (etwa nach einem Gewitter).

Aus Florida wurde ein Stamm eingeführt, der höhere Temperaturen benötigt, und daraus die Kulturstämme des Sommerausternpilzes gezüchtet. Sie fruchten bei Temperaturen von 15–25 °C. Diese **Sommertypen** sind zarter, sie können hellbraun bis gelblich und manchmal fast weiß gefärbt sein. Schließlich gibt es noch den **Wintertyp** (Taubenblauer Seitling, *Pleurotus columbinus*), der auf Seite 91 näher beschrieben wird.

Austernpilze können in Haus und Garten sowohl auf Substrat in Säcken oder in Kübeln sowie auf präparierten Strohballen gezogen werden. Bevor man sich für einen Austernpilz-Typ entscheidet, sollte man prüfen, welche Temperaturen die jeweiligen Pilzkulturen benötigen.

Tipp

Bis auf den Kräuterseitling können Sie alle im Buch beschriebenen Seitlinge auch auf Holzstämmen und sehr leicht auf Stroh oder Strohpellets mit gutem Ertrag anbauen. Um den Kräuterseitling nach Hobbymethoden anzubauen, sind nur Fertigkulturen von gewerblichen Herstellern geeignet (Seite 141).

Anbau im Haus

Auf dem Balkon, in dauerhaft leeren Garagen, Kellern, Waschküchen, Hobbyräumen und dergleichen können Austernpilze durchaus eine Zeit lang gezogen werden. Austernpilze brauchen etwas Licht, vor allem aber müssen die Räume gut zu lüften sein. Bei erhöhten CO_2-Konzentrationen erscheinen eher deformierte Fruchtkörper mit dünnen Stielen ohne Hut. Außerdem muss die Oberfläche des Austernpilz-Substrates sehr oft befeuchtet werden und in der Fruchtungsphase ist eine höhere Luftfeuchte erforderlich.

Abb. 19 Ulmenseitling auf Strohsubstrat (Sackkultur).

Pilzkulturen gehören im Gegensatz zu Pflanzen nicht auf die Fensterbank, es sei denn, diese ist nach Norden ausgerichtet und befindet sich nicht über einer laufenden Heizung. Am besten geeignet sind kühle Bereiche im Haus oder solche, in denen die Luftfeuchtigkeit ein wenig höher ist oder erhöht werden kann (vgl. Kapitel „Pilze auf Fertigkulturen“ Seite 134).

Tipp

Manche Personen reagieren allergisch, wenn sie Austernpilz-Sporen eingeatmet haben. Wer zu Allergien oder Heuschnupfen neigt, sollte Austernpilze besser nicht in der Wohnung ziehen.

Möchten Sie Pilzkulturen regelmäßig und in größerem Umfang anbauen, sind Wohnräume nicht mehr geeignet. Dann brauchen Sie Räume mit hoher Luftfeuchte, die Sie gründlich reinigen können.

Kultur auf Strohpellets

Strohpelletkulturen sind leicht zu portionieren, denkbar einfach anzusetzen und die Kulturen wachsen sehr schnell durch. Möchten Sie verschiedene Seitlinge einfach mal frisch kosten und finden diese im Gemüseladen nicht als Frischpilze, so ist diese Anbaumethode genau richtig. Von Pilzbrutlieferanten werden diese Kulturen beispielsweise als Halbfertig-Kulturen, Zuchtboxen oder Kombi-Sets bezeichnet. Sie bekommen Strohpellets und Pilzbrut, um damit vielleicht ein Pilzbeet im Garten anzulegen. Viel bequemer ist es aber, die Pelletmasse und Brut in Kunststoffblumentöpfe zu füllen. Ungefähr 4 Wochen später können Sie erstmals ernten.

Diese Anbaumethode ist im Haus ganzjährig möglich, indem Sie die Töpfe zum Beispiel in einem Kellerraum mit etwas Tageslicht aufstellen. Von Frühjahr bis Herbst geht es auch im Garten, Bedingung ist ein schattiger und dauerhaft vor Regen geschützter Platz, oder ideal auf einem schattigen Nordbalkon. Außerhalb der heißen Sommermonate und der kältesten Wintermonate darf die Kultur auch ins Gewächshaus.

Abb. 20 Austernpilz auf Strohpellets mit Primordien.

Die Pilzbrut wächst ab etwa 10 °C, optimal sind um die 20 °C. Je nach Temperatur durchwächst die Brut das Stroh in etwa 4–5 Wochen.

Tipp

Als Faustregel nehmen Sie 1 l Brut auf 2,5 kg Strohpellets, das reicht für zwei Kunststoffblumentöpfe mit einem Durchmesser von 26 cm oder etwas größer.

Vorbereitung: Die Pellets bestehen aus gepresstem Stroh und müssen etwa 7 Tage in einem Eimer gewässert werden. Sie quellen stark auf, deswegen sollte der Eimer nicht zu klein sein. Auf 2,5 kg Pellets geben Sie maximal 8 l warmes Wasser. Ein Deckel ist wichtig, nicht nur wegen der Geruchsbildung (leicht gärig).

Ähnlich wie bei der Sauerkrautgärung unterziehen Sie das Stroh so einer anaeroben Fermentation. Während des Gärvorgangs sorgen Mikroorganismen dafür, dass das Stroh sauer wird. In diesem Milieu können unerwünschte Pilze und Bakterien nicht mehr existieren – wohl aber der Austernpilz. Er kann sich im fermentierten Stroh ausbreiten, ohne sich gegen Konkurrenzorganismen durchsetzen zu müssen.

Die Pellets werden nach der Fermentierungsphase aus dem Eimer in zwei Kunststoffblumentöpfe/-kübel gefüllt. Da feuchtes Stroh Flecken ergeben kann, arbeiten Sie am besten in der Badewanne oder im Garten. Beim Einfüllen mischen Sie die Körnerbrut nun mit der Strohmasse (z. B. mit einer sauberen Handschaufel) und drücken die Strohmasse leicht an. Da eventuell überschüssiges Wasser aus den Bodenlöchern leckt, sollten Sie die Töpfe auf Untersetzer stellen. Wenn Sie für die Kultur einen Eimer verwenden, so muss dieser unten auch Löcher haben und sollte lebensmittelecht sein.

Anwachsphase: Jetzt decken Sie den Topf mit Frischhaltefolie ab, in die Sie ein paar Luftlöcher stechen. Wichtig: Die Folie soll nicht direkt auf dem Stroh liegen, sondern über den Topfrand gespannt werden. Der Topf braucht nun für ein schnelles Myzelwachstum Temperaturen um die 20 °C. Das Wachstum ist innerhalb von wenigen Tagen erkennbar als weiße Myzelflecken (Abb. 25 auf Seite 36). Nach etwa 4 Wochen wird die Oberfläche dann mit

Abb. 21 Umgedrehte Pelletkultur.

Abb. 22 Strohpellets trocken.

Myzel überwuchert sein und es erscheinen kleine korallenartige Gebilde, die sogenannten Primordien, die Vorstadien von Pilzen.

Der Topf braucht nun Frischluft und Sie entfernen daher die Folie teilweise. Gelegentliches Sprühen mit Leitungswasser ist nun ratsam, damit die Oberfläche nicht zu stark austrocknet. Ein Teil der Primordien entwickelt sich innerhalb von etwa 7 Tagen zur Erntereife.

Ernte: Sie ernten ein ganzes zusammenhängendes Büschel, wenn die Hüte noch leicht nach unten geneigt sind, das heißt, möglichst bevor diese aussporen. Sporen erscheinen wie feiner weißer Staub ähnlich Mehl. Haben die Fruchtkörper lange Stiele und eine trompetenartige oder sonstige unregelmäßige Wuchsform, so kann es an mangelnder Frischluft liegen. In

Abb. 23 Töpfe, Schaufel, Brut.

Abb. 24 Pelletmasse wird mit Brut geimpft.

Abb. 25 Myzelflecken auf der Pelletmasse.

Abb. 26 Rosafarbener Seitling im Topf, erntereif.

allen diesen Fällen können Sie die Pilze trotzdem noch ernten und verzehren. Geerntet wird mit einem Messer und im Stroh verbliebene Stielreste werden nachträglich sauber ausgeschnitten. In den nächsten Wochen werden sich immer wieder Fruchtkörper bilden.

Um das Austrocknen des Substrates zu verhindern, gießen Sie es gelegentlich wie eine Zimmerpflanze. Es dürfen auch kleine Pfützen auf der Oberfläche bleiben. Allerdings sollte Wasser, das nach etwa 12 Stunden noch überschüssig ist, abgegossen werden, auch aus dem Untersetzer.

Ertrag: Da durch mehrere Ernten die Nährstoffe dem Substrat entzogen werden, wird es nach und nach im Topf zusammenschrumpfen. Wenn sich dadurch nach ein bis zwei Ernten das Substrat vom Topfrand löst, so nehmen Sie es aus dem Topf heraus und stellen es umgedreht (auf dem Kopf) auf einem Untersetzer in einen durchsichtigen Plastikbeutel, der die Kultur locker umhüllt. Schneiden Sie seitlich und oben mehrere Löcher in den Beutel hinein. Ist das Substrat stark ausgetrocknet, so weichen Sie es für 2–3 Stunden in einem Eimer mit Wasser ein (mit Gewicht beschwert, sonst schwimmt es wie ein Korken).

Die erste Ernte wird die größte sein, es folgen noch zwei bis vier Ernten. Wenn das Substrat erschöpft ist, kann es kompostiert werden.

> **Tipp**
>
> Sie können außerhalb der frostigsten Wintermonate und der heißesten Sommermonate auch Bodenbeete im Gewächshaus anlegen, brauchen dann aber einen niedrigen Rahmen, damit die Strohmasse nicht auseinanderfällt. Ideal ist eine Kultur unter einem Gewächshaustisch.

Kultur auf Strohhäcksel in Beuteln (Sackkultur)

Sie können alle Austernpilzarten auch in Säcken auf gehäckseltem Stroh anbauen, sowohl drinnen als auch draußen in regengeschützten Bereichen. Stroh bekommen Sie gelegentlich in handlichen Beuteln im Tierfutterhandel oder es wird als Kombi-Set zusammen mit Brut angeboten. Der Vorteil gegenüber dem Anbau auf Strohballen, der später beschrieben wird, ist wie bei Pelletkulturen die leichte Portionierung. Sie können die Kulturen sogar aufhängen, beispielsweise im Gewächshaus (Frühjahr und Herbst) oder unter Gartendächern. Aufgehängt fallen die Beutel nicht um, sind nicht im Weg und die Pilze sind definitiv vor Schnecken und Asseln geschützt.

Das Stroh wird für 5–7 Tage in einem großen Behälter, zum Beispiel einer „Oskartonne“ eingeweicht, sodass es die ganze Zeit gut mit Wasser bedeckt ist. Eventuell müssen Sie Wasser nachgießen. Da aber das Stroh nicht alles Wasser aufsaugen wird, gießen Sie nach der Einweichzeit das noch überschüssige Wasser vorsichtig ab. Anschließend stopfen Sie Stroh und Brut in Beutel und dabei vermischen Sie es. Da das Stroh noch etwas sperrig sein wird, müssen Sie die Masse gut verdichten.

Nach dem Vermischen schließen Sie den Beutel so stramm wie möglich, zum Beispiel mit Klebeband, und stechen mit einem großen Schraubendreher etwa acht Luftlöcher hinein. Wenn Sie einen durchsichtigen Beutel verwenden, können Sie das Myzelwachstum beobachten. Je nach Seitlingsart und Temperatur werden sich nach 3–4 Wochen die ersten Fruchtkörper zeigen und durch die Luftlöcher wachsen.

Tipp

Faustregel für das Verhältnis von Strohtrockengewicht zu Brutmenge: Mindestens 300 g Brut auf 1 kg Stroh. Wenn Sie mehr Brut verwenden, zum Beispiel 1 l (600 g) auf 1 kg Stroh, wächst die Kultur schneller durch und der Ertrag kann höher ausfallen, denn mehr Brut bedeutet auch mehr Nährstoffe für die Pilze.

Abb. 27 Eingeweichtes Stroh in einer Oskartonne.

Abb. 28 Brut wird vor Impfung zerkleinert.

Da die Kultur im Beutel durch die Ernte an Masse verliert und schrumpft, sollten Sie die Folie nach der Ernte eventuell wieder stramm ziehen, eventuell auch die beernteten Löcher zukleben und neue Löcher stechen. Wasserverlust kann durch Eintauchen in Leitungswasser ausgeglichen werden.

Anbau im Garten

Eine traditionelle Methode ist es, Austernpilze auf Strohballen anzubauen. Dieses Verfahren ist jedoch wegen der umfangreichen Vorarbeiten nicht für alle Pilzfreunde und Hobbygärtner zu empfehlen. Die beste Anlagezeit für Austernpilze auf Strohballen ist von Mai bis September. Da der Sommerausternpilz Wärme zur Ausbildung von Fruchtkörpern (Fruktifizieren) benötigt, impft man diesen im Frühjahr bis Frühsommer. Kulturen der sogenannten Ganzjahressorte können bis in den September angelegt werden. Der Platz sollte immer vollschattig sein.

Abb. 29 Limonenseitlingsack im Gewächshaus.

Kultur auf Strohballen im Garten

Benötigt werden Strohballen, am besten Rechteckballen (ca. 40 x 50 x 100 cm). Geeignet ist Stroh aus der letzten Ernte, allerdings in guter Qualität und entsprechend durchgängig trocken gelagert. Gesundes Stroh hat eine goldgelbe Farbe und riecht angenehm. Die Oberfläche der Halme glänzt und sie lassen sich nur schwer zerreißen. Stroh aus biologischem Anbau ist vorzuziehen.

Präparieren der Strohballen: Der Strohballen wird, ähnlich wie die Strohpellets (Seite 34), für mehrere Tage in frischem Leitungswasser eingeweicht. Sie benötigen einen ausreichend tiefen Behälter, etwa eine große Regentonne, am besten eine eckige oder eine alte Badewanne. Der trockene Strohballen wird zunächst im Wasser schwimmen, deswegen müssen Sie ihn beschweren oder festbinden.

Es gibt nun zwei Verfahren, den Strohballen zu wässern:

Ballen einweichen: Für die einfache Variante können Sie den Ballen für 2 Tage völlig unter Wasser tauchen, etwa in der Regentonne oder in einer alten Badewanne. Nasses Stroh hinterlässt übrigens hartnäckige gelbe Flecken, deshalb ist das häusliche Bad nicht unbedingt der ideale Wässerungsort. Stehen aber nur Gefäße zur Verfügung, in denen der Ballen nicht völlig untertauchen kann, muss er nach 2 Tagen gewendet und noch einmal die gleiche Zeitspanne in frischem Wasser anders herum gewässert werden.

Ballen fermentieren: Die zweite Variante ist aufwendiger. Sie tauchen den Strohballen 2 Wochen komplett unter Wasser. Dadurch entsteht eine Fermentation wie bei den Pellets und Keime und Bakterien im Stroh werden erheblich reduziert, was den Ernteertrag steigern kann. Der Ballen darf in dieser Zeit jedoch nicht mit Sauerstoff in Berührung kommen. Sie müssen den Ballen gut fixieren, damit er völlig untertaucht (Abb. 30 auf Seite 39). Auf dem Foto ist der Metallschlauch einer Tauchpumpe sichtbar, die das Leeren der schweren Regentonne später erleichtert.

Sie sollten regelmäßig nachsehen und nötigenfalls sofort Wasser nachfüllen. Wie schnell

Abb. 30 Wässern des Strohballens: Noch hat der Ballen Auftrieb.

der Fermentationsprozess beendet ist, hängt von der Temperatur ab. Bei einer Durchschnittstemperatur von 20 °C ist er nach 2 Wochen abgeschlossen, bei 15 °C dauert er schon 1 Woche länger und bei 10 °C kommt der ganze Vorgang überhaupt nur mühsam in Gang.

Der Ballen hat lange genug im Wasser gelegen, wenn er eine hellgelbe Farbe zeigt und säuerlich riecht. Er sollte aber unbedingt 1 Tag abtropfen, bevor er mit Austernpilzbrut beimpft wird.

Beimpfung: Zum Impfen von Hochdruckpressballen brauchen Sie Werkzeug wie ein Pflanzholz, Stock oder Eisenstab. Wichtig für einen erfolgreichen Anbau ist sauberes Arbeiten. Hände und Arbeitsgerät sollten vor dem Impfen gereinigt und auch der Strohballen möglichst nicht mit Erde beschmutzt werden. Die Seiten des Strohballens, an denen die Halmenden sichtbar werden, lassen sich am einfachsten beimpfen. Dazu drehen Sie ihn mit den Halmenden nach oben und bohren in gleichmäßigen Abständen 8 etwa 15 cm tiefe senkrechte Löcher. Pro Loch benötigen Sie 2–3 Esslöffel Körnerbrut. Sie sollten auch hier äußerst sauber arbeiten und die Brut so wenig wie möglich berühren. Wenn die Löcher sich nicht von selbst schließen, schieben Sie sie zu, damit die Pilzbrut vor Austrocknung geschützt ist (Skizze 2: auf Seite 49).

Dann wenden Sie den Ballen und wiederholen auf der gegenüberliegenden Seite die Prozedur. Wenn das Drehen des schweren Ballens zu mühsam ist, kann auch nur die Breitseite des Ballens beimpft werden. Etwa 15 Löcher sollten in gleichmäßigen Abständen mit Brut bestückt werden.

> **Tipp**
>
> Impfdübel sind nur für den Anbau auf Holzstämmen geeignet, auch wenn sie manchmal für die Strohballenkultur angeboten werden. Verwerfen Sie diese Möglichkeit am besten. Strohhäcksel oder ein feuchter Strohballen muss sehr schnell vom Speisepilzmyzel besiedelt werden. Das gelingt nur mit Körner- oder Strohbrut. Impfdübel haben im Vergleich dazu eine verschwindend geringe Oberfläche, von der aus das Myzel in das Stroh wachsen kann. Sie wirken so im wahrsten Sinne wie Nadeln im Heuhaufen.

Anwachsphase: Der fertig beimpfte Strohballen wird mit einer Plastikfolie eingewickelt, in die Sie beispielsweise mit einer Mistgabel etwa

Abb. 31 Rosafarbener Seitling auf Strohballen.

zwei Dutzend Löcher bohren. Das Wachstum des Austernpilzmyzels wird durch einen erhöhten CO_2-Gehalt stimuliert. Die Folie behindert den Luftaustausch großenteils, dadurch kann das vom Myzel produzierte CO_2 nicht sofort entweichen. Gleichzeitig schützt sie den Ballen vor Regen und bewahrt ihn vor schnellem Austrocknen.

Damit das Myzel den Strohballen zügig durchwachsen kann, sollte es mindestens 15 °C warm sein. Besser sind 20–25 °C, wobei allerdings die Temperatur im Ballen nie über 30 °C steigen sollte, da das Myzel sonst absterben könnte. Lagern Sie die Ballen möglichst nur im Schatten. Es empfiehlt sich, die Temperatur im Ballen an heißen Tagen zu kontrollieren, nötigenfalls muss die Folie entfernt werden, bis die Temperatur wieder unter 30 °C sinkt.

Je nach Temperatur ist der Strohballen 3–5 Wochen später vom Austernpilzmyzel durchsponnen. Die Folie müssen Sie nun entfernen, da bereits geringe Konzentrationen von CO_2 in dieser Phase Deformationen an den Fruchtkörpern hervorrufen. Bei leichtem Frischluftmangel bilden sich Austernpilze mit langen Stielen und trichterförmigen Hüten. Bei hohen CO_2-Konzentrationen entwickeln sich oft nur noch weiße Wucherungen. Als Schutz vor Dauerregen sollten Sie den Ballen mit Folie abdecken oder unter einem Dach lagern. Bei trockener Witterung muss die Ballenoberfläche stets leicht feucht gehalten werden, sonst könnten die kleinen Pilze vertrocknen.

Ernte, Ertrag: Je nach Witterung und Temperatur erscheinen 2–3 Wochen später die ersten kleinen Austernpilze. Es dauert wiederum etwa 10 Tage, bis diese erntereif sind. Pflücken sollten Sie die Pilze am besten dann, wenn ihr Hutrand in die waagrechte Stellung übergeht. Austernpilze wachsen meist in Büscheln, die einzelnen Fruchtkörper sind an der Stielbasis miteinander verbunden. Deswegen hat es auch keinen Sinn, größere Fruchtkörper herauszutrennen, weil die kleineren Pilze daraufhin absterben würden. Sie brechen das ganze Büschel vorsichtig ab, wenn die meisten Exemplare reif sind.

Die nächsten 2–3 Monate werden in mehreren Wellen immer wieder Austernpilze heranreifen, solange für den jeweiligen Typ die idealen Temperaturen herrschen. Im Herbst beimpfte Ballen bringen oft erst im nächsten Jahr Pilze hervor. Die Austernpilzkulturen sind weitgehend frosthart. In Gewächshäusern können Sie Austernpilze der Ganzjahressorte selbst ohne Heizung noch bis in den Dezember hinein ernten.

Abgetragene Strohballen fallen stark zusammen. Das Stroh kann im Garten noch zur Bodenlockerung verwendet werden. Insgesamt können Sie pro Strohballen mit einer Ernte von 3–5 kg Pilzen rechnen.

Misserfolge und ihre Ursachen

Schimmelbefall im Stroh: Finden Sie statt weißem Myzel grüne, rote oder gelbe Pilzfäden, haben sich Schimmelpilze eingenistet. Ursache kann neben zu viel Feuchte auch unsauberes Arbeiten gewesen sein, oder schlechtes Stroh, eventuell wurde das Stroh auch nicht ordentlich fermentiert. Stark befallenes Substrat, egal ob Ballen oder Topfkultur, muss entsorgt werden (Abb. 32 auf Seite 42).

Auch bei Austernpilzen kann es zu einem völligen Misserfolg führen, wenn der Strohballen zu nass gespickt wurde. Dauerregen verursacht ebenso Ausfälle, wenn der Ballen nicht entsprechend geschützt wird.

Fremdpilze im Stroh: Mancher Hobbypilzanbauer ist verunsichert, wenn sich eventuell bald nach dem Impfen ungebetene Strohballenbewohner einstellen. Es können der Zweisporige Tintling, der Blasige Becherling und seltener auch der Goldmistpilz erscheinen (Abb. 42 bis 44 auf Seite 51). Hier besteht aber kein Grund zur Beunruhigung; diese Pilze werden meist bald vom Austernpilzmyzel verdrängt.

Pilzfliegen in den Fruchtkörpern: Von Maden der Pilzfliegen werden Austernpilze kaum befallen, solange sie nicht überreif sind. Zur Vorbeugung gegen Pilzfliegenbefall können Sie Erntereste von Fruchtkörpern zwar auf nahegelegenem Kompost entsorgen, sollten diese Reste aber gut mit Kompost bedecken.

Schnecken: Große Gefahr droht leider von den Schnecken. Insbesondere Nacktschnecken können über Nacht die kleinen Pilze spurlos verschwinden lassen. Sie wundern sich dann vielleicht, warum aus dem gut durchwachsenen Ballen keine Pilze sprießen wollen.

Zum Schutz vor Schnecken ist es gut, die Strohballen in einem Schneckenzaun aufzustellen. Da die Austernpilzkulturen nicht zwingend Erdkontakt benötigen, können Sie auch durch eine geeignete Lagerung des Ballens schon für einen gewissen Schutz sorgen. Durch Lagerung auf Paletten oder unter einem Dach können Sie Schneckenbefall zumindest verringern.

Die altbekannten Bierfallen leisten ebenfalls gute Dienste, jedoch sind diese nur im Frühjahr zu empfehlen, wenn die Schnecken noch recht klein sind. Außerdem sind Bierfallen nur für Flächen sinnvoll, in die keine weiteren Schnecken einwandern können, beispielsweise für eine Pflasterfläche oder einen sehr trockenen Bereich. Stellen Sie Bierfallen jedoch dort auf, wo massiv Schnecken zuwandern können, werden nur noch weitere Schnecken angelockt.

Luft und Lichtmangel: Bekommen in Räumen gezogene Austernpilze auffallend lange Stiele, liegt Luft- oder Lichtmangel vor, eventuell auch beides.

Verwendung, Lagerung, Konservierung

Beim Austernpilz schneidet man das zähe Stielende ab. Bei 2–4 °C halten die Pilze im Kühlschrank etwa 2–3 Tage. Während der Lagerung bildet sich auf den Austernpilzen oft ein weißer Belag wie auf Camembert. Dies ist nicht etwa Schimmel, sondern nachgewachsenes Pilzmyzel, sogenanntes Sekundärmyzel. Es ist ein Zeichen für nicht mehr ganz frische Austernpilze, ist aber nicht schädlich.

Die Stiele des Austernpilzes sind ziemlich dickfleischig und sollten deswegen dünner aufgeschnitten werden. Es ist auch möglich, die Stiele, die eine längere Garzeit als die Hüte haben, separat zuzubereiten. Austernpilze können problemlos tiefgefroren werden. Blanchieren ist dafür nicht nötig, jedoch vor Einfrieren sollten die Pilze geputzt und in die gewünschten Stücke geschnitten werden.

Tipp

Austernpilze eignen sich auch zum Trocknen: Sie schneiden die Pilze in Scheiben und legen sie auf sauberes Papier oder ziehen sie auf Bindfäden. Sie lassen sich aber auch gut in Essigsud konservieren.

Abb. 32 Verschimmelte Spänekultur.

Übersicht Austernpilzanbau (gilt für alle Seitlinge außer Kräuterseitling)	
1. Kultur auf Strohpellets in Kunststoffblumentöpfen	
Zeitpunkt der Anlage	Ganzjährig im Haus. Temperaturansprüche beachten, z. B. wärmeliebende *Pleurotus*-Arten (Limonenseitling und Rosafarbener Seitling) im Sommer kultivieren
Behandlung des Substrates	Strohpellets 5–7 Tage in Wasser einweichen zur Fermentierung
Beimpfung	0,5 l Brut (ca. 300 g) auf 1,25 kg Strohpellets (Trockengewicht) Pellets mit Brut mischen, in Töpfe (Durchmesser ca. 26 cm) füllen und mit Frischhaltefolie abdecken
Durchwachsphase	Bei 20 °C 3–4 Wochen, dann Frischhaltefolie teilweise entfernen
Ernte, Ertrag	Fruchtkörper erscheinen auf Topfoberfläche oder unten aus den Blumentopflöchern. Mehrere ertragreiche Erntewellen
2. Kultur auf Strohhäcksel in Beuteln (Sackkultur)	
Zeitpunkt der Anlage	Frühjahr bis Frühsommer: Sommerseitling und andere wärmeliebenden *Pleurotus*-Arten. Bis Spätsommer: Ganzjahressorte Säcke können im Frühjahr und Herbst auch im Gewächshaus aufgehängt werden. Platz möglichst immer vollschattig
Behandlung des Substrates	Strohhäcksel werden 5–7 Tage in Wasser eingeweicht
Beimpfung	Mindestens 0,5 l Brut (ca. 300 g) auf 1 kg Stroh (Trockengewicht). Stroh im Beutel verdichten und Beutel stramm verschnüren. Luftlöcher hineinstechen. Beutel aufhängen
Durchwachsphase	Bei 20 °C 3–4 Wochen
Ernte, Ertrag	Fruchtkörperbildung in mehreren Wellen über 2–3 Monate
3. Kultur auf Strohballen im Garten	
Zeitpunkt der Anlage	Frühjahr bis Frühsommer: Sommerseitling und andere wärmeliebenden *Pleurotus*-Arten. Anlage Ganzjahressorte bis in den September hinein. Platz immer vollschattig
Behandlung des Substrates	Wässern für 48 Stunden Alternativ: anaerobe Fermentation bei 20 °C 2 Wochen, bei 15 °C 3 Wochen
Beimpfung	Ballen muss vorher 1 Tag abtropfen 1 l Brut pro Strohballen
Durchwachsphase	Ballen in Folie einschlagen Optimale Temperaturen 20–25 °C, Überhitzung vermeiden Meist nach 3–5 Wochen abgeschlossen Folie wieder entfernen
Ernte, Ertrag	Fruchtkörperbildung in mehreren Wellen über 2–3 Monate Bei Anlage der Ganzjahressorte Austernpilz im Herbst: Ernte auch im darauffolgenden Frühjahr

Limonenseitling

Wissenschaftliche Namen: *Pleurotus citrinopileatus*, Syn. *Pleurotus cornucopiae* var. *Citrinopileatus*
Synonym: Limonenpilz, Zitronengelber Seitling oder Zitronenseitling
Internationale Bezeichnung: Golden oyster mushroom

Der Limonenseitling ist in Deutschland nicht heimisch, seine natürlichen Verbreitungsgebiete liegen in Russland, Asien und Afrika. Er gehört zur Familie der Seitlingsverwandten und wächst in der Natur auf Laubholz. Er wird in Deutschland gewerblich auf Substraten angebaut. Er ist auch für Anfänger sehr einfach zu kultivieren und es lohnt sich wirklich, diesen auffälligen Pilz auf Strohpellets oder Holzstämmen anzubauen.

Aussehen

Der Limonenseitling bildet Fruchtkörper aus, die zu Dutzenden in Büscheln nebeneinander wachsen. Die Hüte können einen Durchmesser von etwa 2–7 cm erreichen. Deren Oberfläche ist hellgelb bis goldbraun, je nach Alter und Größe. Das Fleisch im Hut ist dünn und weiß. Es riecht stark aromatisch, manche Kenner bezeichnen es auch als fruchtig. Seinen Namen hat der Limonenseitling jedoch von der starken Gelbfärbung der Hüte. Die Lamellen sind weiß und ziehen sich am Stiel herab. Die Sporen sind hell. Die weißen Stiele setzen leicht dezentral am Hut an: Sie sind etwa 2–5 cm lang, im Durchmesser 2–8 mm; wegen der Büschelbildung sind sie meist gekrümmt.

Anbau im Garten

Das Myzel von Limonenseitlingen ist ähnlich robust und kräftig wie das der Austernseitlinge. Alle Impfmethoden für Stroh und Holzstämme, die für den Austernpilz beschrieben sind, gelten deshalb auch für den Limonenseitling.

Wenn die Tage Ende April oder Anfang Mai wärmer werden, erscheint er gern an den zuvor geimpften Holzstämmen im Garten. Meist fruchtet er in dem Bereich, wo die Stämme aus der Erde kommen. Ist der Sommer feucht genug, fruchtet er mehrmals, bis es ihm gegen Ende September dann zu kühl dafür wird.

Abb. 33 Limonenseitling auf Holz.

Abb. 34 Limonenseitling auf Fertigkultur.

Strohkulturen, insbesondere Strohballenkulturen, sollten nur im Frühjahr angesetzt werden, damit die Erntezeit in den Sommer fällt.

Anbau im Haus

Auch vom Limonenseitling gibt es Fertigkulturen, die Sie zu Hause einige Male abernten können (Seite 134). Der Anbau auf Strohpellets im Haus ist jedoch so einfach und zuverlässig, dass auch Anfänger eigene Topfkulturen ansetzen und dann beobachten können, wie die Myzelbildung erfolgt und bald darauf die ersten Pilze erscheinen (Abb. 25 auf Seite 36).

Der Limonenseitling fruchtet und gedeiht zwischen 20 und 24 °C. Ist es deutlich kühler, dann wachsen entweder keine Pilze oder die Pilzbüschel wachsen so langsam heran, dass sie dabei vertrocknen. Das Ergebnis sind dann sehr blasse und etwas zu feste Pilze. Sorgen Sie bei Kulturen im Haus also in der Fruchtungsphase für eine warme Umgebung.

Verwendung, Lagerung, Konservierung

Geerntet werden die ganzen Pilzbüschel. Diese werden plan am Stamm oder Substrat abgeschnitten. Der Übergang von den Hüten zu den Stielen ist fließend. Nutzen Sie die Stiele unbedingt mit und schneiden Sie Hüte und Stiele nicht auseinander. Der eigentliche Strunk kann zur Mitte hin recht zäh werden, sodass sein Herzstück nicht verwendet wird.

Der Pilz ändert beim Erhitzen seine Farbe ins Hellbraune und ist bei Pilzgerichten daher kaum noch farblich zu erkennen.

Abb. 35 Limonenseitling im Topf (Pelletkultur).

Rosafarbener Seitling

Wissenschaftlicher Name: *Pleurotus salmoneo-stramineus*, Syn. *Pleurotus djamor*
Synonym: Rosenseitling, Flamingo
Internationale Bezeichnung: Pink oyster mushroom

Auch der Rosafarbene Seitling ist in Deutschland nicht heimisch. Er gehört zur Familie der Seitlingsverwandten und kommt in den Tropen und Subtropen Amerikas und Asiens vor. Er wächst dort vor allem auf Harthölzern wie Palmen, Gummibäumen und Bambus, deren Ligninanteile er zersetzt und Weißfäule verursacht. Man findet ihn gelegentlich als Frischpilz im Handel. Im Sommer ist er auch für Anfänger sehr einfach auf Stroh zu kultivieren.

Aussehen

Der Rosafarbene Seitling bildet büschelig übereinander wachsende Fruchtkörper aus. Die Hüte sind auch jung schon flach, recht dünn. Die Ränder sind gewellt. Die Hüte sind nicht rund, sondern eher fächerförmig breit, etwa 2–5 x 3–7 cm (Breite x Länge). Sie sind zunächst rosa, im Alterungsprozess können die Fruchtkörper weiß oder hellgrau werden. Die Hüte sind als ganzes Büschel an einem kräftigen weißlichen Stiel, eher einem Strunk, angewachsen. Die Lamellen sind gelblich oder rosafarben, die Sporen hell. Die Pilze können einen etwas beißenden Geruch haben. Erhitzt riechen sie ein wenig nach Speck.

Abb. 36 Rosafarbener Seitling auf Fertigkultur.

Anbau im Garten

Da der Rosafarbene Seitling wärmebedürftig ist, empfiehlt sich der Anbau auf Holzstämmen im Garten nur in Gegenden mit milden Wintern, aber auch dann sollten Sie die Stämme im Winter beispielsweise mit Tannenreisig schützen. Wer ein großes Gewächshaus hat, kann Stammkulturen auch im Gewächshaus kultivieren, was aber bedeutet, dass Sie konstant für ausreichende Feuchtigkeit um die Hölzer herum sorgen müssen. Unter Gewächshaustischen ist ein guter Platz, denn die Tische geben Schatten und der Platz ist ausgenutzt.

Anbau im Haus

Der Anbau auf Strohpellets in Töpfen ergibt im Sommerhalbjahr im Haus sehr gute kurz aufeinanderfolgende Ernten. Der Anbau lohnt sich also, zumal es rosafarbene Seitlinge noch viel zu selten zu kaufen gibt. Häufig erscheinen die Pilze unten aus den Blumentopflöchern, da die Kulturen oben wegen der Wärme leichter austrocknen. Die Folie kann dann oben aufgespannt bleiben.

Verwendung, Lagerung, Konservierung

Rosafarbene Seitlinge verlieren beim Erhitzen ihre Färbung. Sie werden dann beigefarben. Ihr Geschmack ist außergewöhnlich kräftig.

Kulturträuschling

Wissenschaftlicher Name: *Stropharia rugoso-annulata*
Synonym: Rotbrauner Riesenträuschling (Bezeichnung der Wildform)
Internationale Bezeichnung: Brown stew fungus

Der Kulturträuschling wird im Volksmund auch als Braunkappe bezeichnet. Da der Maronenröhrling (Marone, *Boletus badius*, Syn. *Xerocomus badius*) umgangssprachlich auch Braunkappe genannt wird, kann es Missverständnisse geben, welcher Pilz gemeint ist. Der Maronenröhrling ist ebenso wie der Steinpilz nicht kultivierbar. Daher ist immer der Kulturträuschling (*Stropharia rugoso-annulata*) gemeint, wenn vom Anbau von Braunkappe die Rede ist.

Der Kulturträuschling ist als Frischpilz eher nicht im Handel (regionale Ausnahmen sind natürlich möglich). Ein Anbau im Garten auf Stroh oder Gehölzschreddergut ist deshalb umso interessanter. Auf Holzstämmen ist ein Anbau nicht möglich.

Aussehen

Der Hut dieses Kulturpilzes kann jung gelbbraun bis rotbraun gefärbt sein, später blassgelb bis kastanienbraun. Junge Kulturträuschlinge ähneln mit ihren halbkugelförmigen Hüten Steinpilzen. Der eingerollte Hutrand ist aber mit dem Stiel durch ein dünnes Häutchen verbunden, das zerreißt, sobald sich der Hut mit der Reife ausbreitet. Junge Kulturträuschlinge besitzen graue Lamellen, die später ebenso wie die Sporen dunkellila werden. Die Stiele sind weiß bis gelbbräunlich, beringt und sehr dickfleischig. Sie können bis zu 15 cm lang werden, während die Hüte einen Durchmesser von 8–18 cm erreichen können. Das Fleisch ist weiß, unter der Huthaut aber leicht gelblich. Der Geruch erinnert schwach an Rettich, der Geschmack ist angenehm mild. Der Kulturträuschling ist ein guter Speisepilz, obwohl sein Aroma nicht an das des Steinpilzes herankommt.

Achtung

Die Wildform „Rotbrauner Riesenträuschling“, die ein ähnliches Aussehen hat, kann sich über Holz- und Rindenhäcksel auch in Grünflächen und Gärten ausbreiten. Allerdings wird gelegentlich über individuelle Unverträglichkeiten solcher Wildfunde berichtet. Für den Genuss des Kulturträuschlings empfiehlt sich also eher der Anbau der Zuchtsorten als das Sammeln der Wildpilze.

Geschichte

Der Kulturträuschling wächst auf pflanzlichen Abfällen wie Stroh, Holz und Rindenhäcksel, Kompost- oder Humusflächen. Die Geschichte des Anbaus begann Anfang der 1960er-Jahre auf einer unbenutzten Galopprennbahn in Berlin-Karlshorst. Dort hatten Bauern Kartoffelmieten angelegt. Auf vermodernden Deckschichten solcher aufgelassener Mieten, die aus Stroh und Erde bestanden, wuchsen alljährlich Pilze, die man für Champignons hielt und mit Genuss verzehrte.

Abb. 37 Der Kulturträuschling (*Stropharia rugoso-annulata*) in einem Kastenbeet.

Es dauerte eine Weile, bis ein Pilzkundler in den „Champignons" den Rotbraunen Riesenträuschling erkannte. Nun begann die VEG Champignonzucht in Dieskau mit Anbauversuchen und entwickelte eine Kulturmethode, bei der die Träuschlinge auf einem mit Erde abgedeckten Beet aus losem Stroh gezogen werden.

Züchterisch entstanden seitdem Kultursorten, die sich teilweise erheblich von der Wildform unterscheiden. Deswegen wurden diese Formen als „Kulturträuschling" bezeichnet. Ende der 1970er-Jahre kam man darauf, dass Kulturträuschlinge auch ganz ohne Erdabdeckung nur auf Strohballen kultiviert werden können.

Anbau im Garten

Geeignet für die Anlage von Kulturträuschlingkulturen sind die Monate April bis Juni und September bis Oktober. Wir stellen hier drei Methoden vor. Zum einen ist es möglich, den Pilz auf ganzen Strohballen anzubauen, was jedoch bedeutet, dass Sie einen ganzen Strohballen einweichen und bewegen müssen (vgl. Austernpilz auf Strohballen, Seite 39). Zum anderen gibt es die Möglichkeit, den Pilz auf zerkleinertem Stroh (auch als Strohmehl oder Strohhäcksel bezeichnet) oder sogar frischem Gehölzhäckselgut aus dem eigenen Garten anzubauen. Der Kulturträuschling wächst also lieber auf etwas sperrigerem Material. Entsprechend sind Strohpellets weniger geeignet, das Material ist zu fein.

Anbau auf Strohballen

Benötigt werden Strohballen, am besten Rechteckballen (vgl. Seite 39) und Brut vom Kulturträuschling, die in der Regel als Strohbrut verkauft wird. Dabei reicht 1 l Brut bzw. 450–500 g Brut für einen Rechteckballen.

Ideal für den Träuschlinganbau sind halbschattige und windgeschützte Plätze im Garten. Sie können die Ballen unter Bäumen oder neben Sträuchern platzieren. Aber auch sonnigere Bereiche kommen infrage, wenn ein Schutzdach errichtet wird. Wichtig ist stets, dass der beimpfte Strohballen mit der Erde Kontakt hat, da sich das Myzel auch im Boden ausbreiten will.

Ballen wässern: Vor der Beimpfung muss der Strohballen für etwa 48 Stunden eingeweicht werden (siehe „Ballen einweichen" auf Seite 39). Das ist nötig, damit die Wachsschicht auf den Halmen durchweicht wird und der Ballen genug Wasser aufnimmt. Eventuell werden die im Stroh enthaltenen Getreidekörner während der Kulturzeit keimen, aber das ist kein großer Nachteil. Nach dem Wässern muss der Ballen unbedingt einen Tag lang abtropfen, bevor geimpft wird. Außerdem sollte der Ballen nun an seinen endgültigen Standort kommen.

Im Gegensatz zur Vorbehandlung von Strohballen für Austernpilzkulturen ist eine Fermentation des Strohs für Kulturträuschlinge nicht erforderlich.

Beimpfen: Die Seiten des Strohballens, an denen die Halmenden sichtbar werden, lassen sich am einfachsten beimpfen. Dazu drehen Sie ihn mit den Halmenden nach oben und bohren in gleichmäßigen Abständen 8 etwa 10 cm tiefe Löcher, in die jeweils ein daumengroßes Stück Brut gesteckt wird. Anschließend schieben Sie die Löcher zu (weiteres zur Ballenimpfung vgl. Seite 40).

Anwachsphase: Nach dem Wässern und Impfen ist der mühsame Teil des Träuschlinganbaus bereits geschafft. Das Myzel muss nun den Ballen gleichmäßig durchspinnen. Es wächst bereits bei einer Mindesttemperatur von 5 °C, optimal sind aber 25 °C. Ab 35 °C wird die Situation kritisch, das Myzel läuft Gefahr abzusterben. Deswegen gehören Ballen immer in den Schatten. Vor allem für frisch beimpfte Strohballen ist Dauerregen ungünstig; das Myzel könnte ersticken. Daher müssen Sie den Ballen noch mit Folie abdecken oder einen Folientunnel darüber stellen (Skizze 3 auf Seite 49). An den Seiten sollte aber stets Luft durchstreichen können, denn das Myzel produziert während seiner Entwicklung Kohlendioxid (CO_2). Der Kulturträuschling unterscheidet sich hier in einem wichtigen Punkt vom Austernpilz: Ein zu hoher CO_2-Gehalt beeinträchtigt sein Myzelwachstum.

Skizze 2 Impfen des Strohballens.

Skizze 3 Regenschutz für Strohballen.

Tipp

Haben Sie mehrere Ballen beimpft, legen Sie diese Kopf an Kopf aneinander. Falls Reihen gebildet werden, sollte zwischen ihnen ein mindestens 50 cm breiter Weg gelassen werden, damit die Luft zirkulieren kann und die Ernte leichter fällt.

Besonders wenn im Frühjahr geimpft wurde, muss darauf geachtet werden, dass der Ballen nicht zu stark austrocknet. Allerdings gibt der Ballen das Wasser genauso langsam wieder ab, wie er es vorher aufnahm. Bei anhaltend trockenem Wetter sollten Sie nachsehen, ob der Ballen 2–3 cm unter der Oberfläche noch gut feucht ist. Ist dies nicht der Fall, so muss etwa eine halbe Gießkanne voll frischem Leitungswasser nachgegossen werden.

Am wenigsten Pflege brauchen die im Herbst angelegten Kulturen. Nur in sehr kalten Gebieten sollte der Ballen während Dauerfrostperioden mit Stroh oder Laub abgedeckt werden. Die ersten Pilze sind dann im Mai oder Juni des folgenden Jahres zu erwarten. Ballen, die im Frühjahr beimpft wurden, liefern 2–4 Monate später die ersten Pilze. Die Fruchtkörperbildung erfolgt bei einer Temperatur von 12–25 °C. Während der folgenden 3–4 Monate werden Kulturträuschlinge in mehreren Wellen heranwachsen. Der Strohballen sollte in dieser Zeit immer ausreichend feucht gehalten werden.

Abb. 38 Kulturträuschlinge wachsen auch auf Häckselgut.

Ernte, Ertrag: Kulturträuschlinge sind erntereif, wenn das Häutchen an der Unterseite des Hutes zwar aufgerissen, die Hüte selbst aber noch nicht ganz ausgebreitet sind. Diese frühzeitige Ernte ist sehr wichtig, da Kulturträuschlinge dunkle Sporen haben, die daraus zubereitete Pilzgerichte unansehnlich machen können. Die Pilze sollten vorsichtig herausgedreht werden. Abgeschnitten könnten die zurückgebliebenen Strünke faulen und Schädlinge anlocken. Es kann mit einem Ertrag von 3–10 kg je Strohballen gerechnet werden. Schließlich fallen die Ballen in sich zusammen. Die Nährstoffreserven des Strohs sind aufgebraucht, es kann aber noch im Garten zur Bodenlockerung verwendet werden.

Anbau auf Strohhäcksel in einem Pilzbeet

Eine weitere Methode für den Anbau des Kulturträuschlings ist die Anlage eines Pilzbeetes mit Strohhäcksel, das heißt geschnittenem Stroh. Der Vorteil dieser Methode ist das einfache Einweichen des Materials. Allerdings ist ein Rahmen oder Kasten (ohne Boden), der das recht lockere Material zusammenhält, sehr sinnvoll. Ein Schneckenzaun in Rechteckform, zum Beispiel 50 x 100 cm ist gut geeignet.

Tipp

Als Faustregel für eine lohnende Menge brauchen Sie 3–4 kg gehäckseltes Stroh und 1 l Brut vom Kulturträuschling. Sie können auch Strauchschreddergut verwenden – am besten aus dem eigenen Garten und frisch geschreddert, um Fremdpilze und deren Sporen im Material gering zu halten. Das Schreddergut braucht im Gegensatz zum Stroh nicht eingeweicht werden.

Das Stroh wird für 48 Stunden in einem großen Behälter, zum Beispiel einer „Oskartonne“ eingeweicht, sodass es gut mit Wasser bedeckt ist. Es wird in der Zeit nicht alles Wasser aufsaugen. Nach der Einweichzeit gießen Sie das noch überschüssige Wasser vorsichtig ab.

Es gibt mehrere Möglichkeiten, die Kultur in schattigen und feuchten Bereichen im Garten anzusetzen:

Abb. 39 Kulturträuschling – Strohhäcksel und Strohbrut im Kastenbeet.

Abb. 40 Kulturträuschling – Kultur in Eimern ohne Boden.

Anlage eines Pilzbeetes: Im guten Gartenboden koffern Sie eine Fläche von etwa 0,5 m^2 etwa 20 cm tief aus und füllen das Stroh oder Strauchhäckselgut ein. Walnussgroße Stückchen Brut werden nun gleichmäßig im Stroh verteilt und damit abgedeckt. Das Material wird nun leicht angedrückt. Zum Schutz vor Schnecken und um die Fläche sauber einzufassen, hilft ein Schneckenzaun.

Anlage in einem Rahmen oder Kasten: Aus unbehandelten Brettern oder Kunststoffpanelen (Baumarkt) bauen Sie einen Kasten ohne Boden, Maße etwa 75 x 40, Höhe etwa 20 cm. Der wird auf dem offenen Gartenboden oder, bei Anlage von Kulturen im Herbst, auch im Gewächshaus aufgestellt. Auch Frühbeetkästen sind geeignet. Die Kultur wird nun wie das Pilzbeet geimpft.

Kultur in Eimern ohne Boden: Alternativ können Sie auch aus Eimern den Boden ausschneiden und Kulturen anlegen. Die Eimer werden mindestens 1/3 in den Gartenboden versenkt, sodass das Myzel guten Bodenkontakt bekommt.

Bei allen drei Kulturarten können die Stroh-Brut-Mischungen mit 2–3 cm Deckerde (humose Gartenerde) bedeckt werden. Das schützt vor dem Austrocknen, führt aber auch dazu, dass die Pilze mit etwas Erde in den Lamellen geerntet werden und eventuell tatsächlich „erdiger“ schmecken können. Ohne Deckerde muss öfter kontrolliert werden, ob

Abb. 41 Verregnete Ernte: sofort ernten, abtropfen lassen und am gleichen Tag verzehren.

Abb. 42 Begleitpilze beim Pilzanbau auf Stroh: Zweisporiger Tintling (*Coprinus bisporus*).

Abb. 43 Blasiger Becherling (*Peziza vesiculosa*).

Abb. 44 Goldmistpilz (*Bolbitius vitellinus*).

das Stroh in 2–3 cm Tiefe noch feucht genug ist. Beim eventuellen Nachwässern ist aber Vorsicht geboten, denn der häufigste Grund für einen Misserfolg beim Anbau auf Stroh ist zu viel Wasser. Die Pilzbrut kann dadurch absterben. Deshalb ist es bei Starkregen und Schlechtwetterphasen gut, wenn die Kulturen in dieser Zeit temporär mit einer Plane abgedeckt werden. Für alle Methoden gilt: Schützen Sie die Kulturen vor Schnecken. Als Schutz vor zu viel Sonne sind Schilfmatten geeignet.

Misserfolge und ihre Ursachen

Myzel im Ballen abgestorben: Was ist zu tun, wenn auf den Strohkulturen einfach keine Kulturträuschlinge erscheinen wollen? Zunächst sollten Sie an mehreren Stellen das Stroh auseinanderziehen und nachsehen, ob weiße Myzelfäden sichtbar werden. Ist dies nicht der Fall, so ist das Myzel abgestorben. Die häufigste Ursache dafür ist zu starkes Gießen oder das Stroh war beim Impfen noch zu nass. Es kann aber auch von Schimmelpilzen oder Milben befallen worden sein, die eine Entwicklung des Myzels verhinderten. Solche Strohkulturen müssen Sie entfernen. Wenn mehrere Jahre hintereinander Kulturträuschlinge am selben Standort angebaut werden, sollten Sie dann den Standort wechseln.

Sind im Stroh aber Myzelfäden zu finden, können Sie noch auf eine Ernte hoffen. Eventuell ist das Myzel extrem langsam gewachsen, weil das Stroh vor dem Impfen nicht ausreichend gewässert wurde oder der Luftaustausch während der Anwachsphase zeitweise zu gering war.

Fruchtkörper erscheinen nicht: Wollen aus einem gut durchwachsenen Ballen oder Pilzbeet absolut keine Kulturträuschlinge sprießen, so hilft meist ein Rückgriff auf eine klassische Kulturmethode: Der Strohballen wird etwa 4 cm dick mit Erde abgedeckt, die ständig feucht gehalten werden muss. Ein paar Wochen später erscheinen in der Regel Pilze.

Fremdpilze im Stroh: Auch bei der Kulturträuschlingkultur auf Stroh können wie bei den Austernpilzen zuerst Tintlinge oder Becherlinge auftreten, das Kulturträuschlingmyzel setzt sich aber in der Regel durch. Es schadet übrigens nicht, wenn auf dem Strohballen einzelne Getreidekörner austreiben.

Schnecken: Gegen Schnecken helfen die bereits bei der Austernpilzkultur beschriebenen Vorkehrungen. Madenbefall kann sehr gut vorgebeugt werden, indem Sie die Pilze nicht überreif ernten und auch keine Pilzteile liegen lassen.

Verwendung, Lagerung, Konservierung

Bei frisch geernteten Kulturträuschlingen braucht meist nur die Stielbasis abgeschnitten zu werden, an der noch Erd- oder Substratreste hängen. Die Lamellen großer Pilze können herausgeschnitten werden, um zu vermeiden, dass die Speisen von den Sporen eine dunkle Farbe bekommen.

Kulturträuschlinge sollten nicht zu fein aufgeschnitten werden, da ihr Fleisch beim Zubereiten schrumpft. Im Kühlschrank halten sie sich 3–4 Tage. Junge geschlossene, trockene Pilze können portionsweise tiefgefroren werden. Blanchieren ist nicht nötig. Kulturträuschlinge halten sich in der Tiefkühltruhe etwa 10 Monate und sollten unaufgetaut verarbeitet werden. Zum Trocknen eignen sie sich weniger. Ernteüberschüsse lassen sich aber sehr gut in Essigsud konservieren.

Übersicht Kulturträuschlinganbau	
1. Anbau auf Strohballen	
Zeitpunkt der Anlage	April bis Juli und September bis Oktober
Behandlung des Substrates	Ballen wird 2 Tage gewässert
Beimpfung	Ballen muss vorher 1 Tag abtropfen 1 l Brut reicht für 1 Ballen
Durchwachsphase	Optimale Temperatur um 20–25 °C, bei Frühjahrsanlage 2–3 Monate, bei Herbstanlage bis ins folgende Frühjahr
Ernte, Ertrag	Fruchtkörperbildung in mehreren Wellen während 3–4 Monaten, bei Temperaturen von 12–25 °C
2. Anbau auf Strohhäcksel in einem Pilzbeet	
Zeitpunkt der Anlage	April bis Juli und September bis Oktober
Behandlung des Substrates	Strohhäcksel wird 2 Tage gewässert
Beimpfung	1 l Brut reicht für 3–4 kg Häcksel (Trockengewicht)
Durchwachsphase	Optimale Temperatur um 20–25 °C, bei Frühjahrsanlage 2–3 Monate, bei Herbstanlage bis ins folgende Frühjahr
Ernte, Ertrag	Fruchtkörperbildung in mehreren Wellen während 3–4 Monaten, bei Temperaturen von 12–25 °C

Pilze auf Kaffeesatz

Insbesondere die Seitlinge sind Verwerter von allerlei pflanzlichem Material. So kann neben Stroh und Holz auch Kaffeesatz als Nährgrundlage beimpft werden.

Abb. 45 Austerpilze auf Kaffeesatz im Beutel.

Projekte, die sich mit Umweltpädagogik und Nachhaltigkeit befassen, wenden diese Methode als Beispiel für eine sinnvolle Weiternutzung von scheinbaren Abfällen gerne und erfolgreich an. Die geeigneten Pilze dafür sind wieder die Austernseitlinge, Limonenseitlinge und Rosafarbene Seitlinge auf Basis von Körnerbrut, Impfdübel sind nicht geeignet.

Die Methode ähnelt dem Anbau von Seitlingen auf Strohpellets in Töpfen. Gehen Sie also vor wie bei den Strohpelletkulturen (Seite 30). Die Konsistenz von fermentierten Pellets und Kaffeesatz ist ja auch sehr ähnlich. Sie brauchen allerdings eine zuverlässige Quelle für den Kaffeesatz, denn – das ist Bedingung – dieser muss nach Abkühlen innerhalb weniger Stunden mit der Pilzbrut beimpft werden, da sich sonst Schimmelsporen auf dem feuchten Kaffeesatz niederlassen. Kaffeesatz in Filtertüten ist nicht so gut geeignet. Das Myzel braucht länger, um das Papier zu durchdringen und es gibt Hohlräume beim Einschichten, die das Myzelwachstum verhindern.

Pro Topfkultur sollte die Mindestmenge von 2 l Kaffeesatz möglichst nicht unterschritten werden, damit die Pilzernte auch lohnt. Ein gutes Mischungsverhältnis ist etwa 100 ml Brut auf 1 l Kaffeesatz. Zimmertemperatur ist ideal, etwa 20 °C bis maximal 25 °C. Die Durchwachszeit bis zur Ernte beträgt etwa 4–5 Wochen.

Abb. 46 Kulturen auf Kaffeesatz im selbstgebauten Folienhaus im Prinzessinengarten, Berlin.

Tipp für Einsteiger

Wenn Sie täglich anfallenden Kaffeesatz nutzen wollen, bedienen Sie sich einer „Schichtmethode“. Wählen Sie einen Kunststofftopf mit Löchern unten in der Größe von etwa 3 l. Stellen Sie ihn auf einen Untersetzer. Geben Sie täglich abgekühlten Kaffeesatz und etwas Pilzbrut in den Topf, der sich damit also langsam füllt. Das Myzel wächst von unten durch den Kaffeesatz und bekommt dabei auch von oben Verstärkung. Rühren ist dabei nicht nötig und auch nicht erlaubt, denn damit würden Sie die feinen Myzelfäden zerstören. Legen Sie Frischhaltefolie locker über den Topf. Wenn dieser bis auf einen Rand von 3–4 cm Zentimeter voll ist, decken Sie die Kultur weiterhin mit Folie für 2–3 Wochen ab. Bald darauf können Sie die Pilze ernten.

Pilze auf Holz

Während Austernpilze sowohl auf Stroh als auch auf Holz gut gedeihen, gefällt es anderen Kulturpilzen wie Shiitake, Stockschwämmchen oder Samtfußrübling nur auf Holzstämmen oder Holzgrundstoffen wie vorerhitzten Spänen.

Abb. 47 Shiitake im Freilandanbau auf Holzstämmen.

Eine sehr naturnahe Anbauart für Pilze ist die auf Holzstämmen im Freiland. Solche Kulturen sind recht pflegeleicht und ertragssicher. Sie müssen zwar etwas Geduld aufbringen, denn es dauert je nach Pilzart und Witterung mindestens 6 Monate und manchmal sogar 2 Jahre, bis erstmals geerntet werden kann. Dafür wird beimpftes Holz über einen Zeitraum von mehreren Jahren in „seiner" jeweiligen Saison Pilze hervorbringen. So gibt es Pilze, die eher in der warmen, andere dagegen die nur in der kalten Jahreszeit fruchten.

Gartenfreunde finden sicherlich eine schattige Ecke für ein paar Pilzhölzer, an denen sie das interessante Wachstum der Pilze kennenlernen und diese von Frühjahr bis in den Spätherbst frisch ernten können. Manche Pilze lassen sich sogar im Winter ernten, zum Beispiel der Samtfußrübling.

In größeren Nutzgärten können Speisepilze in Kombination mit schattenspendenden Obstbäumen oder Beerensträuchern die Ernte ergänzen. Nicht nur in Permakulturgärten trägt dieser Anbau zum Kreislauf der Natur bei, indem man Pilzkulturen beispielsweise auf Baumstümpfen ansetzt.

In diesem Buch werden nur Pilzarten vorgestellt, die auf totem Holz wachsen. Sie brauchen nicht zu befürchten, dass Ihre wertvollen Obstbäume plötzlich Pilze tragen und schließlich eingehen könnten. Es werden zwar in der Natur Austernpilze an lebenden Bäumen gefunden, sie besiedeln dort aber eher bereits abgestorbene Gewebezonen. Lebendes gesundes Holz bildet Abwehrstoffe, die einen Befall durch Pilze verhindern.

Es gibt zwei Phasen in der Kulturführung: Die erste Phase ist die Durchwachsphase gleich nach Beimpfung, in der das Pilzmyzel in die Stämme einwächst. Danach folgt das Aufstellen der Stämme im Garten für die mehrjährige Erntezeit.

Abb. 48 Taubenblauer Seitling auf Pappelholz.

Holzqualität

Ausschlaggebend für eine erfolgreiche Kultur der holzbewohnenden Pilze ist die Qualität der Pilzbrut (Seite 21) und die Frische und Art der Stämme. Shiitake und Judasohr gedeihen auf 8–15 cm dicken und 90–120 cm langen Stammstücken oder Ästen (sog. Knüppelholz) am besten. Alle anderen Pilzarten brauchen etwas dickere und kürzere Hölzer. Um das Einwachsen in kurzer Zeit zu ermöglichen, sollten die Stammdurchmesser am besten nicht mehr als 20–25 cm betragen mit einer Länge von 35–50 cm. Außerdem ist frisches Holz sehr schwer und dickere Stämme sind nur mit gro-

Tipp für Einsteiger

Mit „einfachen" Pilzen anfangen: Der Anbau aller im Buch beschriebenen Austernpilzarten gelingt leicht, wenn Sie nach der jeweiligen Anleitung vorgehen. Besonders einfach und dazu noch ertragreich ist der Limonenseitling, den Sie nur selten frisch im Handel finden. Auch der Shiitake verspricht zuverlässige Ernten, als hochwertiger Pilz darf er in Ihrem Pilzgarten auf keinen Fall fehlen. Andere Zuchtpilze sind anspruchsvoller, etwa der Igelstachelbart oder gar der Klapperschwamm.

ßer Mühe zu bearbeiten. Siehe „Holzartentabelle" auf Seite 60.

Fast alle genannten Pilzarten gedeihen nur auf Laubholz. Für einen lohnenden Anbau auf Nadelhölzern bietet sich insbesondere der Graublättrige Schwefelkopf an. Taubenblauer Seitling ist auch möglich, aber der Ertrag ist geringer als auf Laubholz.

Gefälltes Holz ist durch die Rinde geschützt – sowohl gegen Eindringen von Fremdpilzen als auch gegen Austrocknung. Ungeschützt liegen aber die Schnittflächen (Stirnseiten, gekappte Seitenäste) mit den Leitungsbahnen des Holzes. Sporen von Fremdpilzen gelangen über die Luft auf die offenen, feuchten Oberflächen und beginnen, Hyphen (fadenförmige Zellen) auszubilden, die in das Holz eindringen. Untersuchungen haben ergeben, dass Hyphen innerhalb von 4 Monaten über 2 m in einen Stamm hineingewachsen sind.

Tipp

Draußen im Garten oder Wald kann man sich mit Umfängen leicht verschätzen. Nutzen Sie für die Auswahl der Hölzer unbedingt Maßband oder Zollstock, beim Ermitteln der Stammdurchmesser liegen Sie damit immer richtig.

Lagerzeiten

Achten Sie generell auf möglichst kurze Lagerzeiten. Holz, das bereits länger gelagert wurde, könnte schon von anderen holzbewohnenden Pilzarten besiedelt sein, zum Beispiel von ledrig-zähen Spaltblättlingen und Trameten. Diese machen sich im Holz breit und zehren von seinen Nährstoffen. Beimpfen Sie solche Stämme, könnte der Kulturpilz im mühsamen Konkurrenzkampf unterliegen und absterben oder nur einen sehr geringeren Ertrag liefern.

Ein deutliches Zeichen für fortgeschritten krankes Holz sind nicht nur Stockflecken, sondern im Extremfall braune und schon morsche Schnittflächen. Die Schnittflächen von gesundem Holz dagegen sind hell und fest.

Sie müssen jedoch auch berücksichtigen, dass im frisch geschlagenen Holz die Abwehrstoffe eines Baumes noch so aktiv sein können, dass es der Kulturpilz ebenfalls nur sehr mühsam durchwachsen kann. Aus diesem Grund wird empfohlen, Weichholz 2–3 Wochen und Hartholz 3–6 Wochen nach dem Fällen zu beimpfen. Während dieser Zeit sollte das Holz am besten regengeschützt und sauber gelagert werden, denn mangelnde Feuchtigkeit hindert die unerwünschten Konkurrenzpilze daran, sich in den Stämmen einzunisten.

Es ist hilfreich, die Stirnseiten gleich nach dem Sägen mit Latex oder Latexbindemittel

Abb. 49 Pappelscheiben mit Fremdpilzbesiedlung (Flecken) etwa 13 Wochen nach Fällung.

Abb. 50 Einstreichen der Stirnseiten mit Latex.

einzustreichen, um sie so zu versiegeln. Latex verwittert im Laufe der Zeit und hindert den Kulturpilz nicht.

Länge der Stämme

Insbesondere in Rotbuchen-Nutzwäldern werden von der Fortwirtschaft nur die ganzen Stämme entnommen und die langen Seitenäste bleiben im Wald liegen. Mit der Erlaubnis im Wald Holz mitzunehmen, können Sie von diesen meist viele Meter langen Ästen die Enden großzügig absägen (mindestens 30 cm entfernen) und sich die Stücke gleich in die gewünschte Länge schneiden – für eine Impfung unmittelbar innerhalb der nächsten Tage.

Haben Sie lange dicke Stämme bis maximal 100 cm besorgt, so können Sie diese stattdessen in einem Stück impfen und erst nach der Durchwachsphase mittig zersägen. Die Stämme sind dann zwar sehr schwer, aber es gibt weniger Oberfläche, an der die Hölzer austrocknen oder mit Fremdpilzen infiziert werden können. Die Knüppelhölzer für Shiitake und Judasohr sollen nicht halbiert werden. Empfehlenswert ist für diese Pilzarten eine Länge von 90–120 cm.

Bleibt das Holz doch noch mehrere Wochen vor dem Impfen liegen, empfiehlt sich direkt vor dem Impfen ein großzügiges Kürzen an den Stirnseiten. Das setzt voraus, dass die Stammstücke zuerst deutlich länger sind als für die Impfung vorgesehen.

Risse an den Stirnseiten entstehen übrigens relativ schnell, da die Stämme von den Stirnseiten her austrocken. Sie brauchen sich dadurch nicht sofort verunsichern lassen.

Vorsicht ist geboten bei Hölzern von älteren Bäumen, an denen Pflegeschnitte vorgenommen werden. Wenn an diesen Bäumen Schäden durch holzzersetzende Wildpilze bekannt sind, sollten Sie das Holz nicht mehr verwenden, auch wenn Teile des Baumes scheinbar gesund aussehen. Auch durch Bakterien befallene Bäume, zum Beispiel Kastanienbefall mit *Pseudomonas syringae* pv. *aesculi*, können so geschwächt sein, dass Pilzbefall möglich ist.

Tipp

Holz besorgen Sie sich am besten beim Waldbauern oder Förster. Für den Pilzanbau eignen sich auch verwachsene Stämme, die als Bau- und Möbelholz keine Verwendung finden können und deswegen günstig zu bekommen sind. Auch Grünflächenämter oder Gartenbaubetriebe, die Baumfällungen durchführen, können eventuell weiterhelfen. Mit etwas Glück finden Sie auch Pilzbrutlieferanten, die bereits durchwachsene Stämme anbieten.

Weichhölzer, Harthölzer

Von den Kulturpilzen lassen sich einige nur auf Weichholz, andere nur auf Hartholz und einige sowohl auf Weich- als auch auf Hartholz heranziehen. Manche Weichhölzer enthalten aber weniger Nährstoffe, deswegen sind Anlagen auf Weichholz schneller erschöpft. Auf Harthölzern ist der Ertrag deutlich länger möglich. Allerdings dauert die Durchwachsphase bei Harthölzern länger und somit auch die Zeit, bis die ersten Fruchtkörper erscheinen.

Zu den Weichhölzern gehören Birke, Pappel, Weide, Linde, Erle und Kastanie. Bei Kastanienholz kann es schnell zum Ablösen der Rinde kommen, was den Ertrag deutlich reduziert. Auf Birkenholz dagegen mit seiner bastartigen Rinde tun sich die Pilze manchmal sehr schwer, sich durch die Oberfläche zu kämpfen. Pappelholz dagegen ist für den Pilzanbau einiger Arten, insbesondere *Pleurotus*, wunderbar geeignet. Das Myzel wächst schnell ein und die Rinde bleibt stabil am Holz, was einen guten Ertrag sichert.

Zu den Harthölzern gehören Rotbuche, Hainbuche, Eiche, Esche, Ahorn, Ulme, Apfel, Birne und Kirsche.

Die meisten Holz bewohnenden Pilze außer Shiitake und Judasohr werden auf 20–25 cm dicken und 35–50 cm langen Stämmen gezogen. Allzu dicke Holzklötze sind einfach zu schwer und unhandlich und die Besiedelung durch das Myzel dauert zu lang. Außerdem sind die Stirnflächen, an denen die Hölzer austrocknen, im Verhältnis zur Rindenfläche relativ groß. Darüber hinaus stammen dickere Hölzer eher von älteren Bäumen, die schon von Fremdpilzen befallen sein können.

Zusammengefasst:

Das für den Pilzanbau verwendete Holz sollte

- gesund sein,
- möglichst frisch geschlagen und 1 bis max. 3 Wochen (Weichholz) und 3 bis max. 12 Wochen (Hartholz) nach dem Fällen beimpft werden,
- in dieser Zeit regengeschützt, windgeschützt und sauber gelagert werden.
- Es sollten offene Rindenstellen und frisch geschnittene Stirnseiten mit Latex oder Latexbindemittel eingestrichen werden (man schneidet diese Stirnseiten dann nicht mehr ab). Alternativ sollten die Stämme deutlich länger als verwendet besorgt werden. Lange Stämme dann erst direkt vor Impfung teilen und/oder die Stirnseiten noch einmal großzügig abschneiden.

Holzartentabelle

Pilzart	Holzart Empfohlene Länge ca. 35–50 cm, empfohlener Stammdurchmesser ca. 20 cm*
Austernpilz, Austernseitling	**Pappel**, **Rotbuche**, Weide, Esche, Erle, Hainbuche, Eberesche, Ahorn, Apfel, Kirsche, Birke, Rosskastanie, (Eiche)
Igelstachelbart	Eiche, Rotbuche, Walnuss, Apfel
Lackporling	Rotbuche, Eiche, Birke, Esche, Erle, Ahorn, Ulme, Douglasie
Limonenseitling	**Pappel**, **Rotbuche**, Esche, Erle, Weide, Ahorn, (Eiche)
Nameko	Rotbuche, Pappel, Eiche, Birke, Weide, Obstgehölze
Rosafarbener Seitling	**Pappel**, **Rotbuche**, Esche, Erle, Weide, Ahorn, Ulme, Birke
Samtfußrübling	**Rotbuche**, **Weide**, Eiche, Birke, Esche, Erle, Pappel, Ahorn, Ulme, Rosskastanie, Walnuss, Kirsche
Schwefelkopf, graublättriger	**Douglasie**, Fichte, Kiefer, Weißtanne, auch Stubbenimpfung (Baumstümpfe)
Stockschwämmchen	**Rotbuche**, **Pappel**, **Birke**, Hainbuche, Eiche, Esche, Erle, Ahorn, Weide, Rosskastanie, Linde
Südlicher Ackerling, Pioppino	**Pappel**, **Weide**, (Erle, Linde, Rotbuche)
Taubenblauer Seitling	**Pappel**, Rotbuche, Eiche, Obstgehölze, (Nadelgehölze)
Ulmenseitling	**Rotbuche**, Pappel, Eiche, Weide, Ulme, Linde, Ahorn
Pilzart	**Holzart Empfohlene Länge ca. 60–120 cm, empfohlener Stammdurchmesser 10–15 cm***
Judasohr	**Holunder**, Ahorn, Buche, Walnuss, Weide, Ulme
Shiitake	**Stieleiche**, **Traubeneiche**, **Hainbuche**, Rotbuche, Apfel, Ahorn, Esskastanie, Kirsche, (Birke, Erle, Roteiche, Hasel), Eukalyptus

* = alles Zirkamaße. Bitte beachten Sie, dass sich bei vermeintlich geringer Vergrößerung des Stammdurchmessers das Holzvolumen stark erhöht, bitte Dübel- oder Brutmenge anpassen

Baumarten fett gedruckt = sehr guter Ertrag (Baumart eingeklammert) = nur bedingt geeignet, evtl. geringer Ertrag

Anlage der Kulturen im Jahresverlauf

Der beste Zeitpunkt zur Impfung von Stämmen richtet sich in erster Linie nach der Verfügbarkeit von frischem Holz. Weitere Kriterien sind die Arbeits- und vor allem die Lagermöglichkeiten für die Durchwachsphase.

Impfung im Winter: Etwa die ersten 6–8 Wochen nach dem Impfen ist das noch nicht gut eingewachsene Myzel frostempfindlich. Werden nur wenige Hölzer geimpft und haben Sie die Möglichkeit, diese frostfrei zu lagern, am besten sogar bei Temperaturen von 12 bis 20 °C, so können Sie die Kulturen auch in den kältesten Wintermonaten impfen. Sie mieten die Stämme dann im späten Frühjahr bis Frühsommer im Garten vielleicht noch einmal ein oder setzt sie, je nach Besiedelungsfortschritt des Myzels, schon in ein Pilzbeet.

Impfung im Frühjahr: Haben Sie nicht die richtigen Möglichkeiten im Gebäude, um die Stämme zu impfen und zu lagern, verschieben Sie die Arbeiten ins zeitige Frühjahr, was eine sehr angenehme Zeit dafür sein kann. Auch für die frisch beimpften Kulturen ist es der beste Zeitpunkt, denn das Myzel kann bis zum Herbst in die Stämme einwachsen. Hierbei ist jedoch zu bedenken, dass Baumschnitt- und Baumfällarbeiten normalerweise aufgrund Vogelschutz bis Ende Februar abgeschlossen sein müssen. Bitte stellen Sie sicher, dass Sie Holz verarbeiten, was tatsächlich erst im Spätwinter geschnitten wurde, damit die Ablagerungszeit für das Holz möglichst kurz war und beachten Sie die Hinweise zur Holzqualität und Lagerung (Seite 60).

Impfung im Sommer und Herbst: Auch den ganzen Sommer bis zum Herbst können Stämme beimpft werden, beispielsweise wenn Sie Holz aus Gehölzrückschnitt oder Windbruch bekommen.

Impfmethoden

Für die Kultur der Holz bewohnenden Pilze werden vor allem Impfdübel (Riffeldübel aus Holz), Brut auf Basis von Getreidemischungen (sog. Körnerbrut) oder Brut auf Basis von Sägespänen verwendet.

Beim Beimpfen sollten Sie immer sauber arbeiten, Verpackungen mit der Pilzbrut erst kurz vor Impfung öffnen, beim Impfen nicht in der Sonne lagern und rasch verbrauchen. Ist die Brut in Beuteln abgefüllt, so können Sie diese im geschlossenen Beutel durch Kneten lockern. Bitte saubere Gefäße zum Dosieren verwenden. Füllen Sie die Brut lieber direkt mit den Fingern ein, so empfiehlt sich die Verwendung von Latexhandschuhen, um Kontamination der Brut zu vermeiden.

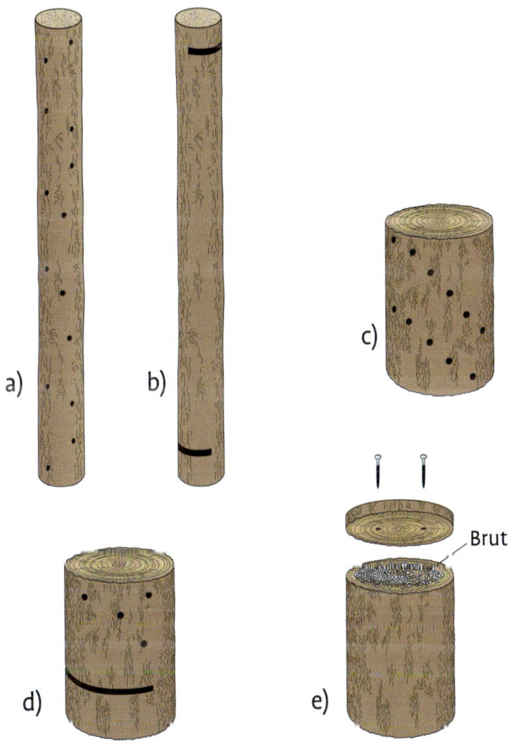

Skizze 4 Übersicht: Stämme und Impfmethoden.
(a) Impfdübel auf Knüppelholz, (b) Schnittimpfmethode auf Knüppelholz, (c) Bohrlochmethode, (d) Schnittimpfmethode mit zusätzlichen Bohrlöchern, (e) Scheibenimpfung.

Impfdübel

Impfdübel sind Holzdübel (Riffeldübel), die mit Pilzmyzel durchwachsen sind. Diese sind denkbar einfach zu verarbeiten. Es werden quer zum Stamm Löcher durch die Rinde gebohrt und die Dübel hineingeschlagen, am besten mit einem Gummihammer. Üblich sind 8-mm-Dübel. Da frisches Holz sich gleich wieder in das Bohrloch ausdehnen kann, ist ein 9-mm-Holzbohrer hilfreich. Die Löcher müssen etwas tiefer als die Dübellänge sein. Wichtig ist, dass die Dübel plan eingeschlagen werden und fest im Holz sitzen. Ein Verschließen der Impfstellen ist nicht nötig. Haben Sie noch Latex übrig, ist es aber nicht verkehrt, auch die Dübelstellen damit einzustreichen.

Der große Vorteil der Dübel gegenüber Körnerbrut ist, dass diese leicht zu verarbeiten sind. Statt Kettensäge oder Schlangenbohrer benötigen Sie nur eine Bohrmaschine. Andererseits braucht das Myzel länger als bei Brut, um in die Stämme einzuwachsen, denn die Kontaktflächen zwischen Dübeln und Stamm sind recht klein und das Myzel hat weniger Nährstoffe als bei Brut zur Verfügung. Deshalb sollten Sie eine vom Lieferanten empfohlene Mindestmenge von Dübeln für einen Stammabschnitt nicht unterschreiten und sich nach den empfohlenen Durchmesserangaben für das Holz richten.

Abb. 51 Impfdübel einschlagen.

Bohrlochmethode

Bei dieser Methode für Körnerbrut bohren Sie über die ganze Rindenfläche spiralförmig verteilt oder in Reihen gegeneinander versetzt bis zu 2 cm breite und möglichst tiefe Löcher, ohne komplett durch den Stamm zu bohren. Gut geeignet ist dafür ein sogenannter Schlangenbohrer, er transportiert beim Bohren die Späne zuverlässig aus dem Bohrloch. Eine kräftige Bohrmaschine ist zu empfehlen.

In die Bohrlöcher schieben Sie nun die fein zerbröckelte Brut mit einem sauberen Stäbchen und drücken sie fest. Die Löcher verschließen Sie am besten mit sogenannten Kieferkonusplättchen. Selbstgesägte oder -geschnittene

Abb. 52 Brut in Bohrloch einfüllen.

Abb. 53 Bohrloch wird mit Holzscheibe verschlossen.

Holzscheibchen oder Korken sind auch möglich. Für Kieferkonusplättchen hat sich eine Kombination aus 16-mm-Schlangenbohrer und 15-mm-Kieferkonusplättchen bewährt.

Hier wird die Brut gleichmäßiger über den Stamm verteilt, dafür ist die jeweilige Angriffsfläche für das Pilzmyzel jedoch geringer als bei den folgenden Methoden.

Schnittimpfmethode

Kurze dicke Stämme: Für die Schnittimpfmethode sägen Sie das Stammstück bei einem Drittel der Länge etwas über die Hälfte im Durchmesser quer zum Stamm ein. Die Schnitte werden immer erst unmittelbar vor dem Impfen vorgenommen, damit diese Bereiche frisch und sauber sind. Damit auch die weiter entfernten Bereiche des Stammes schnell mit Pilzbrut besiedelt werden, sollten Sie in diesen Bereichen zusätzlich ein paar Brutlöcher bohren.

Abb. 54 Kettensägenschnitt.

Knüppelhölzer: An längeren Stämmen für Shiitake oder Judasohr bringen Sie zwei Schnitte an. Dafür messen Sie jeweils von einem Ende etwa 12–15 cm ab und setzen dort die Säge an. Für den zweiten Einschnitt wird der Stamm umgedreht, die Impfstellen sollen sich gegenüberliegen, damit möglichst viele Leitbahnen im Stammquerschnitt erfasst werden. Die Leitbahnen – verantwortlich für den Wassertransport im Baum – verlaufen in Längsrichtung des Stammes.

In beiden Fällen sollte der Einschnitt etwa 1–3 cm breit werden. Die Schnittbreite von Kettensägen ist etwa 1 cm. Hinterlässt die Kettensäge am Stamm Schmierölreste, so schadet dies der Pilzkultur nicht. Bei Hand- oder Kreissägen müssen Sie meist zwei Einschnitte nebeneinandersetzen und dann mit einem schmalen Stemmeisen und Hammer das stehengebliebene Holz herausschlagen. Diese schmalen Schlitze füllen Sie nun randvoll mit Brut.

Damit die Brut nicht wieder herausfällt hilft ein Trick: Die Frischhaltefolie bzw. das Paketklebeband, mit dem der Einschnitt sowieso zum Schluss abgedeckt werden sollte, wird bereits vor dem Einfüllen der Brut etwa zur Hälfte am

Abb. 55 Schnitt wird mit Brut befüllt.

Abb. 56 Schnitt wird mit Klebeband verschlossen.

Stamm befestigt. In die so entstandene „Tasche" lässt sich die Brut viel leichter hineinschieben. Mit einem sauberen, flachen Holzstab, zum Beispiel einem Malerholz, wird die Brut dann gut angedrückt. Zum Abschluss wird der Einschnitt vollständig mit Klebeband bzw. Folie geschlossen.

Das Klebeband muss so dicht über dem Einschnitt befestigt werden, dass weder Schnecken noch Pilzfliegen eine Chance bekommen, die Brut zu erreichen. Bei der Schnittimpfmethode hat das Myzel ähnlich wie bei der Scheibenimpfung eine breite Angriffsfläche und es kann sich in beide Richtungen zügig ausbreiten.

> Tipp
> Um die Schnitte nach Einfüllen der Brut zu verschließen, hat sich als Alternative zu Klebeband auch Lehm bewährt. Wir haben eine handelsübliche Mischung aus Lehm, Sand und Gerstenstrohstückchen (ca. 3 cm lang) verwendet. Sie ist für Lehmputz gedacht und lässt sich gut auftragen. Nach Eingraben der Stämme würde diese mit der Zeit vom Regen ausgeschwemmt, deshalb wird auch ein mit Lehm gefüllter Schlitz in den Boden versenkt.

Scheibenimpfung

Eine sehr effektive Art der Beimpfung dickerer Stammstücke ist die sogenannte Scheibenmethode. Zuerst sägen Sie an einem Ende des Stammes eine mindestens 5 cm dicke Scheibe ab. Dann wird der Stamm aufgestellt, die frische Schnittfläche zeigt nach oben. Auf diese ganze Fläche schichten Sie etwa 1 cm hoch Pilz-

Abb. 58 Brut wird auf der frischen Schnittstelle aufgetragen.

Abb. 57 Die Scheibenmethode wird angewendet, um dicke Stammstücke zu beimpfen.

Abb. 59 Der Impfbereich wird mit Klebeband verschlossen.

brut auf. Mit zwei ausreichend langen Nägeln oder zwei Schrauben wird die abgeschnittene Scheibe nun wieder daran befestigt. Achtung: Zu dünn geschnittene Scheiben brechen dabei gerne.

Um die Brut vor dem Herausfallen, Austrocknen und auch vor Schädlingen zu schützen, kleben Sie breites Paketklebeband oder Frischhaltefolie rundherum um den Sägeschnitt. Klebeband oder Folie sollten möglichst eng und mehrfach um den Stamm gewickelt werden, damit Schnecken, Asseln und Pilzfliegen nicht an die Brut kommen. Maden von Insekten könnten die Brut verderben. Sie können auch Lehm als Verschluss verwenden.

Der Vorteil der Scheibenmethode ist, dass die Brut über den gesamten Stammquerschnitt verteilt wird. Das Myzel des Speisepilzes hat somit eine große Angriffsfläche und sein Myzel breitet sich schnell entlang der Leitbahnen aus. Da er aber nur von einem Ende ausgehend mit dem Wachstum beginnen kann, dauert es doch einige Zeit, bis der ganze Stamm durchsponnen ist. Deshalb kann eine Kombination mit der Bohrlochmethode sinnvoll sein.

Hier noch ein Trick, mit denen Sie die Wirksamkeit der Scheibenmethode intensivieren können: Stämme gleicher Brutart können zu zweit oder dritt übereinandergestellt werden. Das schützt die Stirnseiten gegen Austrocknung und Fremdpilze. Bei kräftigen Myzelien wie *Pleurotus* wächst dieses schnell und üppig in den nächsten Stamm hinein, sodass die Stämme manchmal sogar fest zusammenkleben. Wichtig ist hier, dass die Stirnseite, auf die ein anderer Stamm gestellt wird, nicht mit Latex bestrichen ist und möglichst frisch angeschnitten, also sauber und nicht kontaminiert ist.

Die Scheibenmethode eignet sich nicht für den Anbau von Shiitake und Judasohr, da man für diese Pilzarten lange Knüppelhölzer verwendet. Auf den kleinen Querschnitten findet sehr wenig Brut Platz und das Myzel würde sehr lang für das Durchwachsen brauchen. Außerdem kann man die Scheibe nur mit Schwierigkeiten fixieren.

Tipp

Bei Scheiben- und auch bei Schnittimpfung sollten Sie bei bekanntem Vorkommen von Mäusen darauf achten, dass sich diese nicht einnisten können. Es kann gelegentlich vorkommen, dass die Mäuse die Folie durchbeißen, um an die Körnerbrut zu kommen. Alufolie um die Impfstellen hilft wirksam, denn auch Mäuse beißen nicht gern auf Alufolie.

Myzelpatches, Scheibenbrut

Gelegentlich werden auch durchwachsene Zelluloseschieben (Scheibenbrut oder sog. Myzelpatches) angeboten. Zu beachten ist hierbei, dass diese Scheibenbrut auf ganz frisch abgesägten Stammabschnitten befestigt werden sollte, da sich sonst zwischen der Scheibe und dem Holz eventuell schon Kontamination mit Fremdpilzen oder Bakterien festgesetzt hat.

Impfmethoden im Vergleich

Da das Anlegen der Kulturen ein Hobby und Handwerk ist, gibt es keine alleinige Empfehlung zur Wahl der Impfmethode. Wenn Sie sich mit den Vor- und Nachteilen der Impfmethoden beschäftigt haben, sollten Sie sich je nach handwerklichen Vorlieben und Fähigkeiten und dem Werkzeugbestand für die eine oder andere Technik entscheiden. Auch die Verfügbarkeit von Impfmaterial spielt eine Rolle. Es wird nicht jeder Pilz in jeder Brutform überhaupt angeboten oder ganzjährig lieferbar sein.

Nachfolgend finden Sie Hinweise, die Ihnen bei der Entscheidung helfen können, wie Sie die Kulturen anlegen:

Dübel im Vergleich zu Pilzbrut: Dübel sind einfacher zu verarbeiten als Körnerbrut. Zum Impfen brauchen Sie nur eine Bohrmaschine, aber keine Kettensäge. Ungeöffnete Dübelbrutpackungen sind länger lagerbar als Körnerbrut. Im Gegensatz zur Getreidebrut kann es nicht passieren, dass die Dübelbrut in der Miete von Insekten oder Mäusen beschädigt wird.

Im Vergleich zur Schnittimpfmethode bleiben die Stämme sehr stabil. Bei Schnitten mit der Kettensäge halb durch den Stamm werden Knüppelhölzer schneller morsch und können im Laufe der Kultur abbrechen. Die Dübel bleiben sehr fest im Holz. Im Gegensatz dazu kann die Körnerbrut aus den Löchern oder Schnitten herausfallen. Diese Löcher können dann Schlupflöcher für Kellerasseln oder Schnecken bieten, welche die Fruchtkörper schädigen. Wenn gebohrte Löcher gut mit Wachs oder Korken verschlossen sind, passiert dies bei der Bohrlochmethode aber auch nicht so schnell.

Dübel sind eventuell im Vergleich etwas teurer als Körnerbrut und das Einwachsen des Myzels in den Stamm kann etwas länger dauern.

Schnittimpfmethode im Vergleich zur Bohrlochmethode: Das Einfüllen der Körnerbrut bei der Schnittimpfmethode dauert ähnlich lang, wie Brut in die Bohrlöcher zu füllen. Vergleiche haben gezeigt, dass die Besiedlung der Hölzer bei der Schnittimpfmethode eindeutig schneller ist als bei der Bohrlochmethode, weil bei der Schnittimpfmethode mit zwei Schnitten der gesamte Querschnitt erfasst wird.

Forstnerbohrer sind sehr schwergängig in frischem Holz. Für die Bohrlochmethode sollten diese nur scharf und in bester Qualität verwendet werden. Nehmen Sie lieber einen dicken Schlangenbohrer ab 16 mm oder stärker. Dieser transportiert die Späne beim Bohren aus dem Loch und das Bohren geht leicht von der Hand.

Tipp

Wer den Umgang mit einer Kettensäge nicht scheut, kann für starke Hölzer die Scheibenimpfung wählen. Für die dünneren Hölzer für Shiitake und Judasohr empfehlen sich Schnittimpfung und Dübelbrut. Falls Sie generell lieber Impfdübel verwenden, so sind die hier empfohlenen Durchmesser der Stämme zu beachten, das heißt möglichst nicht über 20 cm Durchmesser.

Impfmethoden – Werkzeugbedarf, Vor- und Nachteile

Methode	Werkzeugbedarf	Vorteile	Nachteile
Impfdübel	Bohrmaschine, Holzbohrer (8 bzw. 9 mm)	Einfache Arbeitsmethode Auch für dünne Hölzer geeignet, da die Dübel den Stamm nicht aushöhlen	Langsameres Einwachsen des Myzels
Bohrlochimpfung	Bohrmaschine, Holzbohrer, am besten Schlangenbohrer (16–20 mm) Holzscheiben zum Verschließen (Kieferkonusplättchen)	Schnelles Einwachsen des Myzels	Brut einfüllen ist aufwendiger als Dübelmethode Löcher müssen verschlossen werden (Materialkosten)
Schnittimpfung	Kettensäge Holzspatel (z. B. Malerholz) Klebeband oder Lehm	Schnelles Einwachsen des Myzels	Umgang mit Kettensäge erforderlich Brut einfüllen ist etwas umständlich Knüppelhölzer werden instabil
Scheibenimpfung	Kettensäge Holzspatel (z. B. Malerholz) Bohrer und lange Schrauben (Länge ca. 8 cm) zum Fixieren der Scheibe Klebeband oder Lehm	Einfaches Auftragen der Brut auf den Stamm Sehr schnelles Einwachsen des Myzels	Umgang mit Kettensäge erforderlich Brut ist nur an einer Fläche aufgebracht, wenn diese kontaminiert, ist Ausfall größer Knüppelhölzer: Scheibe kann schlecht fixiert werden

Brutmengenbedarf

Impfdübel: Für ein Knüppelholz für Shiitake (Länge ca. 1–1,20 m, Durchmesser 10–15 cm) sind 15–20 Dübel zu verwenden. Für stärkere, kürzere Stammabschnitte, z. B. für Austernpilz (Höhe ca. 40–50 cm, Durchmesser ca. 20 cm), sind 15–20 Dübel zu verwenden.

Bohrlochmethode: Für die Bohrlochmethode werden mehrere Löcher in den Stamm gebohrt – und zwar über den Stamm verteilt, ähnlich wie mit der Dübelmethode. Um die Brut in die Löcher einfüllen zu können, soll der Bohrer einen Durchmesser von mindestens 14 mm haben. Die Menge der Bohrlöcher sollte dem Stammdurchmesser und der Länge entsprechen.

Hier eine Beispielrechnung für einen Stammdurchmesser von 15 cm und eine Länge von 1,20 m: Dafür sollten Sie mindestens 10 Löcher mit einer Tiefe von etwa 10 cm bohren. Der Brutbedarf pro Loch liegt bei etwa 20 ml, für 10 Löcher also etwa bei 200 ml. Mit 1 l Pilzbrut können Sie demnach 5–6 Stämme impfen.

Schnittimpfung: Für die Schnittimpfmethode werden zwei halbe Schnitte mit einer Kettensäge durch dem Stamm geschnitten. Für die Berechnung kann also ein ganzer Schnitt angenommen werden. Die Schnittbreite einer Kettensäge liegt bei etwa 1 cm. Für einen Stammdurchmesser von 15 cm ergibt ein ganzer Schnitt ein Volumen von etwa 175 ml Brut. Somit können Sie mit 1 l Pilzbrut etwa 5–6 Stämme dieser Maße impfen.

Scheibenimpfung: Für einen Stammdurchmesser von 20 cm ergibt ein ganzer Schnitt eine Fläche von etwa 310 cm². Die Brut wird etwa 1 cm aufgetragen, das ergibt einen Bedarf von etwa 310 ml Brut. Da die Brut eher locker aufgetragen wird, können mit 1 l Pilzbrut etwa 3–4 Stämme dieser Maße geimpft werden.

Kurze dicke Stämme, zum Beispiel für Austernpilzbrut (Höhe ca. 40–50 cm, Durchmesser ca. 20 cm): Ausreichend ist hier die Füllung von 10 Löchern (Durchmesser 1,5 cm, ca. 10 cm Bohrtiefe) mit Brut. Brutbedarf pro Loch ist etwa 20 ml, Brutbedarf pro Stamm ist etwa 200 ml. Mit 1 l können also 5–6 Stämme geimpft werden.

Erfahrungsgemäß variiert das Brutvolumen dadurch, dass die Brut in der Packung sehr fest verwachsen sein kann und vor dem Impfen aufgelockert und zerkrümelt wird. Sie bekommt dadurch mehr Volumen. Darüber hinaus wird sie in den Impfstellen nur leicht angedrückt und leicht verdichtet.

Bei größeren Impfaktionen empfehlen wir nach Impfung der ersten Stämme eine Überprüfung des eigenen Mengenbedarfs. Die Verwendung von mehr Brut pro Stamm als hier berechnet beschleunigt das Durchwachsen der Stämme.

Tipp

Es ist ratsam, die verwendete Pilzbrutart auf dem Stamm zu vermerken, damit Sie nach der mehrmonatigen Durchwachszeit noch wissen, welches Myzel Sie vor sich haben. Da ein Faserschreiber auf Tesakrepp nach einigen Wochen eventuell nicht mehr lesbar ist, sollten Sie das Tesakrepp nicht direkt auf das Holz kleben, sondern auf Klebeband oder Folie und es dann noch einmal mit klarem Klebeband versiegeln.
Deutlich sind auch auffällige Markierungen wie verschiedenfarbige Flaschendeckel oder -kappen. Diese können Sie auf die Stirnseiten der Stämme nageln. Wichtig ist natürlich die entsprechende Notiz dazu, welche Kappe welche Pilzart kennzeichnet.

Abb. 60 Frisch beimpfte und gekennzeichnete Stämme.

Durchwachsphase

Nach dem Beimpfen durchwächst das Myzel allmählich die Hölzer. Das Myzelwachstum beginnt bei etwa 8 °C. Ideal aber sind Temperaturen von 15–25 °C und eine Luftfeuchtigkeit zwischen 80 und 90 %. Bis zum völligen Durchwachsen können bei Weichholz 6 Monate, bei Hartholz bis zu 12 Monate vergehen. Zusätzlich zu Temperatur und Holzart hängt die Dauer der Durchwachszeit auch vom Stammdurchmesser, der Brutmenge und der Pilzart ab. Vor allem die *Pleurotus*-Arten sind starkwüchsig, andere Pilzarten wie der Ackerling (Pioppino) haben ein sehr zartes, sich langsamer ausbreitendes Myzel. Erst nach mindestens 8 Wochen Durchwachszeit bei wenigstens 15 °C ist das Myzel gegen Frost unempfindlich.

Um die Stämme bei optimalen Bedingungen zu lagern, gibt es mehrere Möglichkeiten:

Lagerung in einer Miete im Garten: Die Stämme dürfen nicht in der prallen Sonne liegen, weil sie austrocken, sich die Rinde eventuell ablöst und das Myzel hohe Temperaturen über 30 °C über einen längeren Zeitraum nicht gut verträgt. Haben Sie eine größere Anzahl Hölzer beimpft, können diese an einem schattigen Platz im Garten in einer sogenannten Miete gelagert werden. Die Stämme werden nach Pilzarten sortiert (auch in mehreren Reihen neben- und übereinander) zu einem Stapel zusammengelegt. So ein Haufen sollte aber nicht länger als 3 m, nicht breiter als 1,50 m und nicht höher als 1,20 m geraten, weil sonst in seinem Inneren die Temperatur zu stark ansteigen könnte. Um die Stämme sauber zu lagern, ist eine Holzpalette als Unterlage sehr nützlich. Die Hölzer werden entlang der Latten gelegt, so sind sie gut fixiert gegen Rollen. Hölzer mit Scheibenimpfung können auch aufrecht stehen mit der Scheibe nach unten, da die Scheibe sich sonst eventuell etwas verzieht.

Über die Stämme wird nun feuchtes Stroh ausgebreitet und darüber eine gelochte Plastikfolie (etwa 4 Löcher/m²). Wenn Stroh nicht zur Verfügung steht, kann auch Pappe zwischen den Stämmen und der Folie für Abstand sorgen. Die Folie muss beschwert oder an den Kanten eingegraben werden, damit sie nicht im Wind davonfliegt. Um die Luftfeuchte in der Miete zu erhöhen, kann man im Sommer lange Blumenkastenuntersetzer unter die Paletten schieben und diese nach Bedarf mit frischem Wasser füllen. Regenwasser, das dann und wann durch die Löcher in die Miete hineinläuft, ist erwiesenermaßen vorteilhaft.

Wichtig für eine günstige Atmosphäre in der Miete ist es, die Feuchtigkeit im Inneren des Holzes im optimalen Bereich zu halten, während die Außenseiten der Stämme relativ trocken bleiben sollen. Dies ist der Fall, wenn Sie das Holz je nach Holzart wie beschrieben etwa 2–6 Wochen nach dem Schlagen beimpfen. Auch das Einstreichen der frisch geschnittenen Stirnseiten mit Latex (Seite 58) trägt zu guten Einwachsbedingungen bei. Ein Wässern der Stämme direkt vor dem Impfen hat nur nasse Rinde zur Folge, die den Befall der Hölzer mit Schimmel fördert.

Ist es sehr feucht bis nass in der Miete, sodass Grünschimmel auftritt, so hilft Lüften für 1–2 Tage. Andererseits kann es in der Miete auch zu trocken werden, vor allem in regenarmen Zeiten, wenn kein Wasser durch die Folienlöcher läuft oder die Miete sich unter einem Dach oder dichten Blätterdach befindet.

Tipp

Kontrollieren Sie das Mikroklima unter der Plane gelegentlich. Sind Holz und Stroh zu trocken, wässern Sie großzügig mit mehreren Gießkannenfüllungen frischen Leitungswassers.

Die Miete ist zum einen ein Schutz gegen Austrocknung, zum anderen ist sie temperaturausgleichend.

> **Tipp**
> An sehr heißen Sommertagen kann die Miete durch helle nasse Tücher gekühlt werden. Breiten Sie diese „klatschnass" gleich morgens direkt auf der Folie aus.

Abb. 61 Eine mit Stroh und Folie abgedeckte Miete (Folie zum Fotografieren hier abgenommen).

Lagerung bei Impfung im Winter (Lagerung im Gebäude): Falls Sie die Impfung spät im Jahr vornehmen, müssen die Stämme in einem Raum mit Temperatur um 20 °C durchwachsen. Hier ist besonders wichtig, dass die Hölzer nicht austrocknen. Werden nur wenige Hölzer beimpft, können diese einzeln in ausreichend große Plastiksäcke gepackt werden. Damit das Myzel während des Wachstums etwas Luft bekommen kann, müssen in die Folie jeweils etwa ein halbes Dutzend Luftlöcher gebohrt werden. Hölzer mit Scheibenimpfung müssen aufrecht stehen bleiben, mit der Scheibe nach unten. Da das Myzel mancher Pilze extrem wüchsig sein kann und mancher Plastiksack vielleicht nicht dick genug ist, lagern Sie die Stämme nicht direkt auf dem Boden. Das Myzel könnte starke Flecken verursachen. Legen Sie ein paar Keile oder sehr kräftige Folie unter die Säcke.

Haben Sie größere Mengen Stämme und Räume, in denen Wasser ablaufen kann, so lagern Sie die Stämme entweder wie im Garten unter Stroh und gelochter Folie oder lassen sie offen liegen und sorgen durch regelmäßiges Gießen für hohe Luftfeuchtigkeit. Wichtig ist dann auch viel Frischluft, um Schimmel zu vermeiden.

Erdlagerung von Hölzern mit Scheibenimpfung (ohne Miete): Ein mit Scheibenimpfung versehener Stamm kann sogar gleich nach der Impfung an seinem endgültigen Platz aufgestellt werden, ohne Lagerung in einer Miete. Dafür wird er auf eine weitere Brutlage gestellt. Der Boden wird dazu etwa 20 cm ausgekoffert, dann wird saubere dicke Pappe eingelegt und darauf Brut verteilt. Der Stamm wird nun mit dem unbeimpften Ende auf die Brut gestellt. Diese Schnittfläche muss frisch angeschnitten und darf nicht mit Latex bestrichen sein.

Nun häufeln Sie Erde um die untere Hälfte des Stammes und stülpen für die ersten 4 Wochen einen Plastikbeutel als Haube über jeden

Skizze 5 Mit gelochter Folie abgedeckte Miete (Querschnitt).

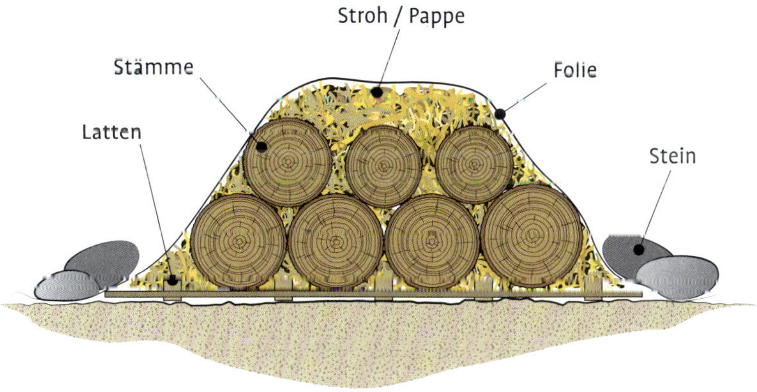

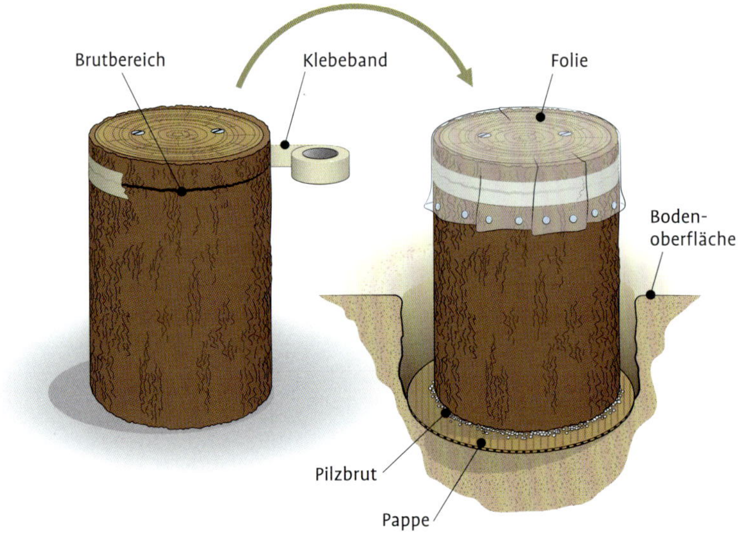

Skizze 6 Geimpfte Stämme ohne Miete aufstellen.

Stamm. Nach dieser Zeit muss der Beutel entfernt werden, um Schimmelbefall am Stamm zu vermeiden. Wichtig: Damit die Stämme während der Durchwachsphase nicht zu trocken werden, ist bei Trockenzeiten Beregnung erforderlich.

Aufstellen der Stämme im Garten

Die Kultur ist gut angegangen, wenn an den Impfstellen und Stammenden weißes Myzel sichtbar wird, das angenehm nach Pilzen riecht. Bei starkwüchsigen Pilzen wie allen *Pleurotus*-Arten wuchert das Myzel oft sogar noch weiter und durchspinnt die Strohabdeckung. An den Impfstellen soll die Brut vital aussehen, meist breiten sich unter dem Klebeband weiße Myzelfäden aus. Falls die Brut an der Oberfläche etwas eingetrocknet und dadurch etwas gelb bis braun geworden ist, macht dies auch noch nichts. Zeigt sich aber an mehreren Impfstellen graues, grünes, rotes oder kräftig gelbes Myzel und keine Spur mehr vom Kulturpilz, muss der von Konkurrenz- oder Schimmelpilzen befallene Stamm aussortiert werden (Abb. 65 auf Seite 71).

Nach der Durchwachsphase kommen die Stämme an einen schattigen und windgeschützten Platz im Garten, der ganzjährig Regen bekommt. Plätze im Regenschatten von Haus- und Schuppenwänden, unter Nadelbäumen oder unter sehr dichten Laubbäumen mit trockenem Schatten sind nicht geeignet. Siehe auch „Gestaltung eines Pilzgartens“ auf Seite 149.

Von den Impfstellen werden gegebenenfalls Folienreste entfernt, denn die ersten Pilze erscheinen oft dort. Mit Shiitake oder Judasohr beimpfte Stämme brauchen keinen Erdkontakt. Hölzer mit anderen Kultursorten müssen aufrecht stehend im Abstand von etwa 30 cm etwa 15 cm tief in den Boden eingegraben sein und dieser gut festgetreten werden. Das Myzel breitet sich auch in der Erde aus und nimmt dort Wasser und Mineralstoffe auf. Im Boden darf jedoch keine Staunässe herrschen, weil das Erdmyzel sonst ersticken würde. Gute humose Gartenerde scheint sich positiv auf den Ertrag auszuwirken.

Kultivieren Sie Stämme mit Schnittimpfung, so kommt der Schnitt nach Entfernen der Klebefolie in den Boden. Wenn der Schnitt sich über der Erde befindet, so krümelt die Brut bald heraus und der Bereich über dem Schnitt würde dauerhaft von der Wasserversorgung abgeschnitten sein und keine Pilze hervorbringen. Haben Sie lange Stämme geimpft und teilen

Abb. 62 Das Shiitakemyzel wird an den Schnittflächen sichtbar.

Abb. 63 Gut eingewachsenes Austernpilzmyzel.

Abb. 64 Nahaufnahme: Das Myzel breitet sich vom Impfdübel auf der Baumrinde aus.

Abb. 65 Die Brut ist von Schimmelpilzen befallen.

diese nun in der Mitte, so kommt immer die frische Schnittstelle in die Erde.

Manche Pilze wachsen bodennah direkt am Stamm. Das Ausstreuen von Rindenmulch oder Häckselgut aus dem eigenen Garten hält die Pilze sauber von Erde.

Tipp

Schützen Sie die Pilzanlagen am besten gleich nach dem Aufstellen vor Schnecken. Die gefräßigen Weichtiere vertilgen schon die kleinen Fruchtkörper restlos. Rindenmulch hilft nur eingeschränkt gegen Schnecken, ein Schneckenzaun ist jedoch sehr effektiv.

Abb. 66 Schützen Sie die Pilzanlagen vor Schnecken: Kulturträuschling im Schneckenzaun.

Damit ist der größte Teil der Arbeit getan und Sie sollten die Kultur nur noch regelmäßig befeuchten und beobachten. Es schadet nicht, wenn zwischen den Hölzern Unkräuter wachsen. Sie sorgen für ein feuchtes Kleinklima. Nur zur Erntezeit reißen Sie die nahe an den Stämmen wachsenden Pflanzen aus, damit Sie keine Pilze übersehen. Stämme aus Weichholz sind nach 3–4 Jahren erschöpft und fallen in sich zusammen. Hartholz bringt 5–7 Jahre lang Fruchtkörper hervor.

Wenn das Wetter stimmt, kann eine Ernte sehr plötzlich kommen. Kontrollieren Sie die Kulturen daher regelmäßig, damit Sie die Pilze rechtzeitig ernten können.

Frost schadete dem bereits angewachsenen Myzel nicht mehr. Alle Stämme bleiben im Winter an Ort und Stelle. Pilze brauchen auch diese Jahreszeit. Eine Kultivierung von Stämmen in Töpfen im Haus oder auf dem Balkon lohnt sich nicht.

Kultur auf Baumstümpfen im Erdreich

Auch im Hausgarten müssen ab und zu Bäume gefällt werden. Als Gartenbesitzer stellen Sie sich dann oft die Frage, ob Sie die Baumstümpfe mühsam roden sollen. Diese Arbeit können Sie aber auch der Natur überlassen, wenn Sie die Baumstümpfe mit Holz bewohnenden Pilzen beimpfen. Nur dauert es etwa ein Jahrzehnt, bis die „Bio-Rodung“ abgeschlossen ist und der Baumstumpf zerfällt. Wenn schon Pilzbefall am Baum bekannt ist, können Sie sich die Mühe sparen und die Zersetzung der Natur überlassen.

Beimpfen

Außer dem Shiitake und dem Judasohr können alle Kulturarten sehr gut auf Laubholzstümpfen gezogen werden. Nur der Graublättrige Schwefelkopf besiedelt mit gutem Ertrag Nadelholzstümpfe (Seite 104). 4 bis 6 Wochen nach dem Fällen sollten die Stümpfe beimpft werden, nur nicht in starken Frostperioden (Mitte Dezember bis Februar). Da man Baumstümpfe aber schlecht einmieten kann, wird das Myzel in der Regel weniger günstige Durchwachsbedingungen vorfinden und entsprechend länger brau-

Skizze 7 Beimpfen von Baumstümpfen.

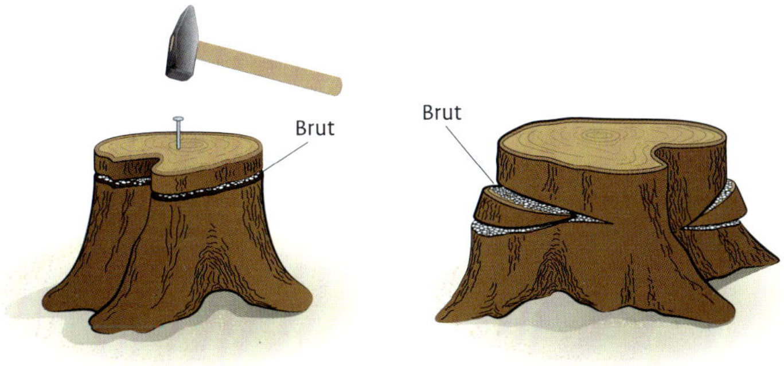

chen. Deswegen impfen Sie in diesem Fall am besten nur in den Monaten April bis Mitte Juni.

Baumstümpfe, die weniger als 25 cm Durchmesser haben, können mit der bereits beschriebenen Scheibenimpfmethode beimpft werden (Skizze 7 auf Seite 73). Dickere Stümpfe sind mit dieser Methode schwer in der Handhabung. Damit die Brut nicht austrocknet, stülpen Sie in den ersten 4 Wochen am besten eine Plastiktüte mit ein paar Luftlöchern über den Stumpf.

Bei dickeren Stämmen kann die sogenannte Keilimpfmethode angewandt werden: Sie schneiden an zwei gegenüberliegenden Stellen – jedoch nicht in gleicher Höhe – tiefe Keile heraus. Auf die untere Schnittfläche des Baumstumpfs und auf die obere Schnittfläche des Keiles wird Brut verteilt, der Keil wieder eingesetzt und mit Nägeln oder Schrauben fixiert.

Auch die Bohrlochmethode ist geeignet. Um die Brut gut einfüllen zu können, empfehlen sich schräge Bohrungen nach unten und quer zum Stamm und zu den Leitbahnen. Auch Seitenwurzeln können Sie impfen. Dazu legen Sie mit Schaufel oder Spaten die Wurzelstränge frei, beimpfen Bohrlöcher, verschließen diese und schieben die Erde wieder über die Wurzeln. Auch bei diesen Impfmethoden ist es von Vorteil, wenn während der ersten 4 Wochen eine Plastiktüte den Baumstumpf schützt.

Kulturphase

Auf Weichholz werden selbst schnell wachsende Pilze wie die Samtfußrüblinge nur in seltenen Fällen bereits im Herbst erscheinen, meist dauert es bis zum folgenden Jahr. Bei Hartholz muss man sich oft 2 Jahre gedulden. Pilze können etwa 10 Jahre lang an den Stümpfen erscheinen, weil diese unter der Erde oft beachtliche Ausmaße erreichen. Selbst ihre dicken Wurzeln werden vom Pilz noch besiedelt.

Die Kultur an Baumstümpfen ist erheblich von der Witterung abhängig. Oft stehen diese Pilzanlagen an Plätzen, wo sie ziemlich schutzlos der Sonne und dem Wind ausgesetzt sind. Ein schräges Dach aus Latten oder Strohmatten auf vier Pfählen kann das Kleinklima merk-

Skizze 8 Schutzdach für Baumstümpfe.

lich verbessern (Skizze 8 auf Seite 73). Bei trockener Witterung muss der Baumstumpf dennoch regelmäßig begossen oder beregnet werden.

Tipp

Um den Baumstumpf feucht zu halten, können Sie auch versuchen, auf der Stirnseite Moos anzusiedeln. Das muss allerdings gut befestigt werden, da Vögel es gern auf der Suche nach Nahrung wenden oder der Wind es fortträgt. Moos und Stamm freuen sich über regelmäßige Wassergaben.

Misserfolge und ihre Ursachen

Ein wesentlicher Faktor für einen erfolgreichen Anbau von Pilzen auf Holzstämmen (und auch auf anderen Substraten) ist zum einen die Brutqualität. Sind Sie unsicher über die Vitalität der Brut, so sollten Sie deren Qualität vor Impfung prüfen, vgl. „Brutqualität“ auf Seite 21).

Ein weiterer wesentlicher Faktor ist die Holzqualität (Seite 57). Ein dritter wichtiger Faktor ist die Brutmenge. Bitte verwenden Sie immer eine im Verhältnis zum Durchmesser der Stämme ausreichende Menge Brut (Seite 67). Wird zu wenig Brut für zu dicke Stämme verwendet, so verlängert sich die Durchwachsphase unnötig.

Eine unverhältnismäßig lange Durchwachsphase kann ein schädliches Austrocknen der Stämme und dadurch dauerhaft niedrige Erträge zur Folge haben. Leider kann es bei Verwendung von zu wenig Brut auch passieren, dass sich ein Fremdpilz gegen den Speisepilz durchsetzt.

Dies alles soll Sie nicht entmutigen, sondern Ihnen Starthilfe geben, damit der Anbau von Pilzen nicht zur Enttäuschung, sondern zum erfolgreichen Erlebnis wird.

Schimmelbefall nach Impfung: Zeigt sich innerhalb von 1–2 Wochen Schimmelbefall an den Impfstellen, so kann das mehrere Gründe haben: Entweder die Brut ist nicht mehr vital oder sie wurde beim Impfvorgang in Teilbereichen infiziert. Prüfen Sie also, ob sich der Schimmel über sämtliche Impfstellen ausbreitet. Zeigt sich an einem Großteil der Impfstellen an einem Stamm Schimmel, so ist dieser eventuell nicht zu retten. Geben Sie ihm aber noch ein paar Wochen Zeit, denn Sie können ja nicht alle Impfstellen öffnen und in der Tiefe prüfen.

Abb. 67 Scheibenimpfung: von Schimmel befallene Körnerbrut (rechter Rand) wurde abgeschabt. Verbliebene Körnerbrut wächst in den Stamm ein.

Abb. 68 Auf der Rinde von Schimmel befallener Stamm. Ein Lüften der Miete kann diesen reduzieren.

Gerade bei der Scheibenimpfung kann die Brut von den Rändern her mit Schimmel oder Bakterien zu kämpfen haben. Manchmal sind Insekten, die die Brut besiedeln wollen, Überträger. Deshalb ist es wichtig, dass die Impfbereiche gut mit Folie, Lehm usw. abgedichtet werden (siehe „Schnittimpfmethode“ Seite 63).

In Abb. 67 auf Seite 74 ist die Brut schon erkennbar als weißes Geflecht in das Holz eingewachsen. Die kontaminierten Bereiche an der Rinde (rechts, etwas grünlich) sind nur lokal, die verdorbene Pilzbrut wurde entfernt und der Stamm dadurch gerettet.

Sollte sich im Verlauf der Durchwachsphase auf der Rinde der Pilzstämme starker Schimmel zeigen, so liegt es eventuell daran, dass die Miete etwas Frischluft benötigt oder genau dieser Rindenbereich immer zu feucht ist. Das kann daran liegen, dass durch Löcher in der Folie Regenwasser immer an der gleichen Stelle in die Miete hineinläuft und punktuell auf das Holz tropft.

Ist die ganze Miete zu feucht, so hilft mehrmaliges Lüften. Gibt es jedoch eher nur einzelne Stämme mit punktuellem Schimmelbefall auf der Rinde, können Sie diese Bereiche mit Essigessenz einreiben. Im Normallfall ist das sehr wirkungsvoll und der Schimmel bildet sich nicht mehr neu.

Fremdpilzbefall nach Impfung: Es gibt Fremdpilze, die auf das Wachstum auf der Rinde spezialisiert sind: Kleiner als Streichholzköpfe erscheinen zum Beispiel Rotpustelpilze oder Kohlebeeren, das sind feste halbkugelige bis etwa 1 cm breite Fruchtkörper. Beide besiedeln häufig Rotbuche.

Diese Pilzarten können in oder nach der Durchwachsphase auftreten. Zwar sind sie eine Konkurrenz, aber sie treten eher temporär auf und sind für die Speisepilzkulturen deshalb tolerierbar. Insbesondere Eichenstämme können zeitgleich zur Besiedelung des gewünschten Speisepilzes auch von Schmutzbecherlingen besiedelt werden.

Breiten sich schon in der Miete an dem einen oder anderen Stamm Fremdpilze wie *Trametes pubescens* großflächig über den Stamm aus, so muss dieser leider aussortiert werden. Auch das Wachstum von flächigem Gewebe auf der Rinde wie vom „Ablösenden Rindenpilz“ (*Cylindrobasidium evolvens*) verhindert das Wachstum der Speisepilze. Diese Stämme sind leider zu entsorgen.

Im Laufe der Erntejahre können sich auf dem Holz auch ledrig-zähe Spaltblättlinge Porlinge oder auch Trameten einstellen. Dies kann dann ein friedliches Nebeneinander der Speisepilze im Holz oder eine natürliche Sukzession nach

Abb. 69 Rotpustelpilze auf Rotbuche.

Abb. 70 Fremdpilzbefall, hier *Trametes pubescens* auf geimpftem Pappelstamm.

ein paar Erntejahren sein, denn möglicherweise besiedeln diese Fremdpilze nur Gewebezonen, die dem Kulturpilz keine Nahrung mehr bieten.

Auch Schnecken lieben Pilze: Leider kann man mit der Pilzernte ähnliche Erfahrungen machen wie mit der Ernte aus dem sommerlichen Gemüsebeet. Abends freuen Sie sich noch über üppiges Wachstum und am nächsten Morgen ist vieles davon eventuell angefressen oder gar verschwunden. Für die Stämme, die eingegraben werden, hilft nur, die Umgebung schneckenfrei zu halten (siehe „Schnecken" Seite 42).

Tipps zur Schneckenabwehr bei Shiitake-Stämmen siehe „Schnecken" Seite 83.

Tipp

Es gibt Pilzarten, die in der Zeit fruchten, wenn Schnecken nicht unterwegs sind, das heißt im zeitigen Frühling, im Spätherbst und im Winter. Kultivieren Sie diese Pilzarten, so können Sie die Schnecken im Jahresverlauf austricksen.

Abb. 71 Trameten.

Shiitake

Wissenschaftlicher Name: *Lentinula edodes*
Synonym: Donko oder Koshin (Zuchtrassen), Pasaniapilz
Internationale Bezeichnung: Shiitake

Der Shiitake ist nach dem Champignon der am meisten angebaute Pilz weltweit. Ursprünglich eher im asiatischen Raum, wird er nun auch mehr und mehr in Europa in Pilzfarmen auf Substraten angebaut. Sein natürliches Verbreitungsgebiet liegt in Japan. Der Shiitake ist ein hervorragender Speisepilz, bissfest und aromatisch. Darüber hinaus werden ihm gesundheitsfördernde Qualitäten zugesprochen. Getrocknet gibt es Shiitakepilze in Asialäden auch unter der Bezeichnung „Donko“ oder „Tonko“.

Der Anbau im Garten auf Hölzern gelingt leicht. Man muss sich zunächst etwas gedulden, sind die Stämme schließlich aber durchwachsen, kann man viele Jahre davon ernten.

Aussehen

Die Hüte des Shiitake erreichen Durchmesser von 5–12 cm. Sie können hellbraun, dunkelbraun oder graubraun gefärbt sein. Die Huthaut ist von weißen bis braunen zottigen Schuppen bedeckt. Abhängig von der Witterung können sich auf ihr weiße radiale Risse bilden, die in Japan ein Merkmal für hohe Qualität sind.

Mit der Reife werden die Hüte flach, überreif dreht sich der Hutrand nach oben. Die Lamellen sind weiß oder gelblich und werden im Alter bräunlich. Das Sporenpulver ist weiß. Die Stiele sind 3–10 cm lang und bis zu 1,5 cm dick. Das Fleisch ist weiß und fest. Sein Geschmack und Geruch sind unverwechselbar und sehr aromatisch.

Abb. 73 Shiitakepilz mit typischem rissigem Hut.

Abb. 72 Shiitake am Holzstamm.

Abb. 74 Frische Shiitake-Ernte (*Lentinus edodes*).

Geschichte

Der Shiitake erscheint im Jahre 199 n. Chr. erstmals in japanischen Quellen. Damals brachten die Bewohner von Kyushu die bereits hoch geschätzten Shiitake dem Kaiser Chuai als Geschenk dar. Die Chinesen begannen schon vor fast 2000 Jahren mit dem Anbau des Shiitake. Japanische Bauern übernahmen ihr Verfahren und entwickelten es weiter. Zuerst schlug man die Pilzsporen mit der Axt in die Baumstämme ein. Diese Methode lieferte keine überragenden Anwachsergebnisse. Das änderte sich erst Anfang des letzten Jahrhunderts, als man es verstand, Reinkulturen des Shiitake auf einer Mischung aus Sägemehl und Reiskleie als Brut zu ziehen. Später wurde auch Holzbrut verwendet: Das waren myzeldurchwachsene Keile oder Stöpsel, ähnlich den modernen Impfdübeln, die man in passende Löcher der Stämme schlug. Diese Impfmethode ist heute noch in Japan verbreitet.

In Deutschland versuchte man sich erstmals 1903 mit dem Shiitakeanbau, erzielte jedoch nur bescheidene Ergebnisse. Erfolgreicher waren drei Jahrzehnte später österreichische Experimente. Seitdem erlebt der Shiitakeanbau in Europa einen langsamen, aber stetigen Aufschwung. Auch bei Hobby- und Nebenerwerbsanbauern ist der Shiitake inzwischen als leicht zu kultivierender Speisepilz beliebt.

Anbau im Garten

Holzart und Impfmethoden: Der Shiitake wird auf Stämmen junger Bäume und dicken Ästen (Knüppeln) angebaut, die einen Durchmesser von 8–15 cm und eine Länge von 90–120 cm haben sollten. In Japan kultiviert man ihn auf dem Holz des Shii-Baumes (bzw. Pasania-Baum). Von den in Mitteleuropa heimischen Baumarten eignen sich in erster Linie Hainbuche und Eiche, aber auch Rotbuche, Spitzahorn, Birke, Edelkastanie und Kirsche (Siehe „Holzartentabelle“ Seite 60).

Gerade für sehr dünne Knüppelhölzer (ca. 8–10 cm) sind Impfdübel am besten geeignet. Für dickere Stämme (ca. 11–15 cm) haben sich auch die Bohrloch- und Schnittimpfmethode bewährt. Für die Schnittimpfmethode werden an den langen Knüppeln zwei tiefe Einschnitte versetzt an den Enden gemacht und die Brut dort eingefüllt (Skizze 4 auf Seite 61). Bei harten und sehr dicken Hölzern wie Hainbuche empfiehlt sich in der Mitte ein dritter Schnitt, der beimpft wird, sonst dauert das Einwachsen des Myzels zu lange.

Interessanterweise sind auch Eukalyptusstämme geeignet. Im atlantisch geprägten Norden Portugals, wo Eukalyptus überhand nehmen kann, ist die Anlage von Shiitakekulturen deshalb durchaus sinnvoll.

Abb. 75 Diese Shiitakebrut ist gut eingewachsen.

Abb. 76 Shiitakestämme in der Miete.

Durchwachsphase: Gleich nach Impfung werden die Stämme in einer Miete untergebracht. Bei Temperaturen um 20 °C durchwächst das Myzel in 6–8 Monaten die Stämme und erscheint insbesondere bei Schnittimpfung auch an den Stirnseiten. Das frische Myzel ist weiß, es reift dann noch zu einer Art zimt- bis kakaobrauner Kruste.

Ist die Miete feucht genug, erscheint das Myzel sogar auf der Rinde, vor allem im Bereich der Impfstellen. Auch bei Impfdübeln kann bei genug Feuchte ein feiner Myzelkranz um die Dübel herum erscheinen.

Abb. 77 Aufstellen der Stämme im Garten.

Tipp

Impfen Sie im Winter, so sollten Sie die Hölzer zunächst in einem frostfreien Raum lagern. Dazu stellen Sie jeweils 1–2 Hölzer ohne Stroh in Plastiksäcke oder wickeln sie einzeln gut in Folie ein und versehen diese dann mit ein paar Luftlöchern.

Shiitakehölzer brauchen eine gewisse Reife, bis sie das erste Mal fruchten, auch wenn die Durchwachsphase abgeschlossen scheint. Es können je nach Holzart und Holzdurchmesser um die 12, bei sehr dicken Hartholz-Stämmen sogar bis zu 24 Monate vergehen, bis die ersten Pilze erscheinen. Das ist natürlich auch abhängig davon, wann die Kulturen angelegt wurden: Impft man mit viel Brut im zeitigen Frühjahr, so kann man im Frühjahr bis Sommer des Folgejahres mit einer ersten Ernte rechnen. Impft man im Winter, so muss man sich mehr als 12 Monate gedulden, und meist das übernächste Frühjahr abwarten.

Hat man Shiitakestämme zeitlich so geimpft, dass diese kurz vor dem Winter die Durchwachsphase abgeschlossen haben, so ist es sinnvoll, die Stämme erst im darauffolgenden Frühjahr aus der Miete zu holen und im Garten aufzustellen. Dadurch bekommen die Stämme noch einmal Winterschutz in der Miete und das Myzel kann weiter einwachsen. Bitte kontrollieren Sie jedoch, ob die Feuchtigkeit in der Miete ausreichend ist.

Aufstellen der Hölzer: Shiitakehölzer brauchen nicht eingegraben werden. Haben Sie einen robusten Zaun oder ähnliches im Garten, so können Sie die Stämme dort anlehnen. Haben Sie nur wenige Stämme, so können Sie diese

Abb. 78 Erntereife Shiitake im Garten.

auch gegen einen Baumstamm mit lichtem Blätterdach lehnen. Immer vorausgesetzt, es gelangt Regen an die Stämme. Ein Dachvorsprung oder ein Platz mit trockenem Schatten sind auf keinen Fall geeignet. Das Myzel kann durch Austrocknen großen Schaden nehmen oder gar absterben. Ein unregelmäßiges Besprühen oder Begießen an einem solchen Platz wäre kein Ersatz zu Stark- oder Dauerregen. Den brauchen die Hölzer im Jahresverlauf unbedingt.

Um die Hölzer aufzustellen, können Sie auch jeweils zwei Paar Latten über Kreuz zusammenschrauben, mit Abstand aufstellen und eine dritte Latte darauflegen (ähnlich wie ein Sägebock). Dagegen lehnen Sie dann die Stämme, platzsparend abwechselnd einer von rechts und einer von links. Stellen Sie die Stämme im Abstand von etwa 20 cm auf, da die Pilze rundherum wachsen können.

Gewächshauskultur: Einen deutlich höheren Ertrag können Sie erzielen, wenn der Shiitake in einem größeren Folien- oder Gewächshaus mit täglicher Beregnung angebaut wird. Dies kann im Nebenerwerb durchaus sinnvoll sein. Im Sommer muss aber unbedingt ausreichend schattiert und belüftet werden, um hohe Temperaturen zu vermeiden. Da der Anspruch von Shiitakepilzkulturen von anderen Gewächshauskulturen wie Tomaten abweicht, ist eine gemischte Kultur nicht sinnvoll. In kleinen Hobbygewächshäusern mit weniger Volumen und geringeren Belüftungsmöglichkeiten kann es für Shiitakehölzer schnell zu warm werden. Darin müssten sie täglich beregnet und für die heißesten Monate wieder ausgelagert werden.

Ernte: Shiitake erscheinen in mehreren, oft recht unterschiedlich ausfallenden Erntewellen, gelegentlich erscheinen auch nur einzelne Pilze. Weichholzstämme bilden mindesten 3–4 Jahre Fruchtkörper aus und Harthölzer mindestens 5–7 Jahre.

Shiitake fruchtet zwischen 10 und 25 °C. Ein weiterer wesentlicher Faktor ist die Wasserversorgung der Hölzer: Werden Ende April oder Anfang Mai die Tage wärmer und sind die Stämme vom Winter noch schön nass, so können die ersten Fruchtkörper erscheinen. Sie brechen aus der Rinde hervor und sind nach etwa 2 Wochen erntereif. Man schneidet sie dicht am Stamm ab, bevor sich der Hut flach ausbreitet. Sind die Nächte im Frühjahr noch sehr kühl, so wachsen die Pilze recht langsam, sodass weiße radiale Trockenrisse auf der Oberfläche entstehen.

Fruchtkörperbildung durch Tauchen: Sie können in mehrwöchigem Abstand die Fruchtkörperbildung sogar gezielt einleiten. Dafür tauchen Sie gut durchwachsene Stämme für 1–2 Tage in kaltem, frischem Wasser unter. Eine Regentonne ist gut geeignet. Ragen die Stämme aus dem Wasser, so drehen Sie diese nach 24 Stunden um. Anschließend werden die Hölzer drei- bis viermal kräftig mit der Schnittfläche auf den Boden gestoßen, sie sollen dabei natürlich nicht zerbrechen. Das Untertauchen und der Wundreiz (das Myzel wird beim Klopfen etwas verletzt) begünstigt die Fruchtkörperbildung. 14 Tage später haben Sie dann mit einiger Sicherheit frische Pilze parat. Stellen Sie die Hölzer gleich nach dem Tauchen schneckensicher und regengeschützt auf, was sie bis zur Ernte problemlos überstehen, so sind diese Pilze an Qualität kaum zu überbieten. Danach kommen die Hölzer wieder an einen Platz unter freiem Himmel.

Von Frühjahr bis Herbst können Sie diesen Vorgang etwa alle 8 Wochen wiederholen. Am besten beginnen Sie damit im Mai. Anfang bis Mitte November können Sie dann ein letztes Mal im Jahr die Hölzer tauchen.

Prinzipiell können Sie die Stämme auch eingraben, jedoch ist es dann sehr umständlich oder nicht möglich, sie zu tauchen. Dauerhaft eingegrabene Hölzer sollten Sie daher in regenarmen Zeiten unbedingt bewässern. Ernte gibt es an solchen Hölzer meist nur nach mehrtägiger feuchter Witterung und außerhalb der Sommerhitze. Die Fruchtkörperbildung können Sie fördern, indem Sie mehrmals mit einem Gummihammer auf die Stirnseiten klopfen.

> **Tipp**
>
> Auch alte Shiitakestämme, die schon morsch und leicht wie Balsaholz sind, können noch kleine, aber vielleicht sogar sehr viele Fruchtkörper hervorbringen, bevor sie ganz auseinanderfallen. Tauchen Sie die Stämme vorsichtig in Wasser, damit sie nicht zerbrechen. Wenn das Holz dann nach der letzten Ernte zerbröselt, kann es im Garten an trockener Stelle für Insekten aufgestellt werden, die das leichte Holz für Nistmaterial anknabbern und wegtransportieren. Oder Sie legen es in einer naturnahen Gartenecke unter Sträucher auf den Boden. Dann dient es anderen Insekten wie Käfern als Unterschlupf oder Nahrung.

Anbau im Haus

Geimpfte Stämme sollten Sie nur übergangsweise auf dem Balkon oder in Räumen aufstellen, denn sie könnten zu trocken werden, wenn sie nicht dem Regen ausgesetzt sind. Gelegentliches Wässern oder Besprühen ist kein Ersatz. Auf Balkonen oder Terrassen kann es auch zu windig und heiß sein. Der gewerbliche Anbau von Stämmen in Räumen wird in „Hinweise zum gewerblichen Pilzanbau“ beschrieben (Seite 155). Wer ohne Garten ist und frische Shiitake ernten möchte, kann Fertigkulturen aufstellen oder Shiitakesubstrate mit vorerhitzten Holzspänen kultivieren.

Pilze auf vorerhitzten Holzspänen (keimreduziert)

Dafür benötigen Sie keimreduzierte Holzspäne, etwas Naturgips sowie spezielle perforierte Folienbeutel und natürlich Pilzbrut vom Shiitake. Durch das Kurzzeiterhitzen auf mehrere hundert Grad sind die natürlichen Schadorganismen (Bakterien, Schimmel) in den Holzspänen abgetötet.

Manche Brutlieferanten bieten alle Komponenten einschließlich Folienbeutel auch als sogenanntes Kombi-Set an, was dann zu Hause zu Substraten angesetzt werden kann. Beachten Sie auch immer die beigelegten Anleitungen, insbesondere zu Temperatur und Durchwachszeiten.

Durchwachsphase: Für eine Shiitakekultur mischen Sie Pilzbrut, etwas Naturgips und Späne mit Wasser, füllen alles in einen mik-

Übersicht Shiitakeanbau auf Holz	
Zeitpunkt der Anlage	Bester Zeitpunkt ist im Frühjahr, jedoch ganzjährig möglich, wenn frisches Holz verfügbar ist (z. B. Windbruch nach Herbststurm)
Holzarten	Stieleiche, Traubeneiche, Hainbuche, Rotbuche, Apfel, Ahorn, Esskastanie, Kirsche, Birke, Erle, Roteiche, Hasel, Eukalyptus
Empfohlene Holzmaße und Beimpfung	Knüppelholz (Länge ca. 90–120 cm, Durchmesser 8–15 cm): 15–25 Impfdübel für 1 Knüppelholz 1 l Pilzbrut für 5–6 Knüppelhölzer, Bohrlochmethode oder Schnittimpfung
Durchwachsphase	Bei 20 °C und Schnittimpfmethode etwa 6–8 Monate, bei Verwendung von Impfdübeln 12 Monate, dann ausmieten und im Garten aufstellen
Ernte, Ertrag	Optimale Temperatur zwischen 15 und 25 °C 1. Ernte frühestens nach 10–12 Monaten. Bei sehr starkem Durchmesser und Hartholz auch erst nach 24 Monaten möglich. Stämme nicht aufgeben! Fruchtkörperbildung einleiten durch 2-tägiges Tauchen in frisches Wasser (Regentonne) Mehrere Erntewellen über 3–4 Jahre (Weichholz) bzw. 5–7 Jahre (Hartholz)

roperforierten („genadelten") Beutel ein und lassen es etwa 7–8 Wochen ruhig stehend oder hängend bei etwa 21 °C durchwachsen. Innerhalb dieser Zeit verfärbt sich die Substratoberfläche von Weiß bis bräunlich verkrustet. Diese Kruste ist eine Abschottung der Kultur gegen Verdunstung und Schutz gegen Fremdpilze. Der Standort sollte so viel Tageslicht haben, dass man gerade noch Zeitung lesen kann. Direktes Sonnenlicht ist immer zu vermeiden.

Fruchtkörperbildung: Meist erscheinen schon erste Fruchtkörperansätze von selbst unter der Folie. Nun können Sie wie bei den Shiitakehölzern im Garten die Fruchtkörperbildung durch sanfte Erschütterung einleiten. Dazu halten Sie den durchgewachsenen und gefestigten Substratbeutel etwa 10 cm über einer Tischplatte und lassen Sie ihn dreimal fallen. Dies regt die weitere Fruchtkörperbildung an. Jetzt wird die Folie um das Substrat entfernt und der feste Block bei einer Temperatur von 14 bis 18 °C aufgestellt, also kühler als in der Durchwachsphase. Sorgen Sie dabei unbedingt für erhöhte Luftfeuchtigkeit von 80–85 % (siehe auch „Pilze auf Fertigkulturen" Seite 134).

Abb. 79 Shiitake auf vorerhitzten Holzspänen.

Nach einigen Tagen beginnt die Fruchtkörperbildung. Die Pilze haben nach 7–10 Tagen ihre Erntereife erreicht. Dann löst sich der Hutrand von Stiel, die Lamellen des Pilzes sind sichtbar, aber der Hutrand ist noch leicht eingerollt. Der Pilzstil sollte aus dem Block herausgedreht werden. Stielreste dürfen nicht am Block verbleiben, da diese nach einigen Tagen schimmeln können.

Ruhephase und nächste Erntewelle: Nach der Ernte braucht das Substrat eine Ruhephase, am besten wieder wärmer, bei 21–23 °C. Es darf nun etwas austrocknen. 1–2 Wochen nach der ersten Ernte tauchen Sie den Block für 8–12 Stunden komplett unter kaltes Leitungswasser (z. B. mit einem Ziegel beschweren). Schwimmt der Block immer noch wie ein leichter Korken, so bleibt er weitere 8 Stunden im bzw. möglichst unter Wasser. Stellen Sie die Shiitakekultur nun 2–3 Tage mit geringer Luftfeuchte auf (normale Raumluftfeuchte 50–60 %), sodass sie abtrocknet. Anschließend ist wieder eine Umgebungstemperatur von 14–18 °C erforderlich, um die nächste Erntewelle anzuregen.

Etwa 10 bis 12 Tage später sind dann die Pilze der zweiten Welle erntereif. Für eine dritte Erntewelle können Sie den Vorgang von Ruhephase und Tauchen noch einmal wiederholen. Es ist normal, dass die erste Ernte die größte ist. Nach Abschluss der Ernteperiode können die Blöcke kompostiert werden.

Misserfolge und ihre Ursachen

Shiitakebrut ist sehr robust. Das Myzel bildet gelegentlich schon in der Brutpackung Primordien. Das liegt nicht nur an der Reife der Pilzbrut, sondern auch an Erschütterung (Paketversand), die die Primordienbildung auslösen kann. Solche Brut können Sie aber noch verwenden und die Primordien können zerkleinert und mitgeimpft werden.

Anbau im Garten

Schimmelbefall nach Impfung: Dies kommt selten vor, dennoch sollte die Pilzbrut sauber in die Hölzer eingebracht und die Schnittimpfstellen gut mit Folie abgedichtet werden. Sonst könnten Maden die Brut verderben.

Schnecken: Gegen die gefräßigen Schnecken müssen wieder Maßnahmen ergriffen werden. Haben Sie Shiitakestämme getaucht, stellen Sie diese am besten gleich nach dem Tauchen schneckengeschützt auf, z. B. auf einen Mauersims oder (nur für die Zeit bis zur Ernte) doch unter ein ausreichend großes Dach, wo keine Schnecken einwandern können. Dass die Hölzer vom Tauchen bis zur anstehenden Ernte keinen Regen bekommen, ist unproblematisch. Es ist sogar gut, wenn die jungen Fruchtkörper etwas Schutz vor Regen haben. Auch das Aufhängen von Stämmen in Bäumen wird gelegentlich praktiziert.

Käferbefall: Insbesondere im Hochsommer können Rotkäfer die Lamellen reiferer Fruchtkörper befallen. Bei anderen Pilzarten wurde dieses übrigens weniger beobachtet. Der Befall lässt sich einfach vermeiden, indem die Shiitakepilze früh geerntet werden, wenn der Hutrand sich gerade vom Stiel löst. Ernten Sie später und finden schon ein paar Käfer, so können Sie diese aus den geernteten Pilzen herausschütteln.

Anbau im Haus

Falls sich, zum Beispiel im Hochsommer, in der Durchwachsphase oder nach Entfernen der Folie Grünschimmel auf dem Substrat bildet, so kann das an zu hoher Temperatur und zu wenig Frischluft liegen. Sorgen Sie 1–2 Tage für Temperaturabsenkung und mehr Frischluft und damit auch für eine Absenkung der Luftfeuchte, bis das Myzel vom Shiitake sich durchsetzt.

Abb. 80 Befall durch Rotkäfer (*Gyrophaena*, Familie Kurzflügelkäfer, Staphylinidae).

Verwendung, Lagerung, Konservierung

Von den frisch geernteten Shiitake trennen Sie die Stiele etwa 1 cm unterhalb der Lamellen ab, weil sie etwas zäh sind. Die sauberen Stiele werfen Sie aber bitte nicht weg. Am besten werden sie getrocknet und zu aromatischem Pilzpulver zermahlen.

Frische Shiitake sind im Kühlschrank 5–7 Tage haltbar. Die Pilze eignen sich besonders zum Trocknen. Ihr Aroma nimmt dadurch sogar noch zu. Die in Scheiben geschnittenen oder halbierten Shiitake werden am besten bei 50 °C im Backofen des Elektroherdes bei offener Tür getrocknet, bis man die Pilze brechen kann. In gut verschlossenen Behältern sind sie danach fast unbegrenzt haltbar.

Austernpilz

Wissenschaftlicher Name: *Pleurotus ostreatus*
Synonym: Austernseitling
Internationale Bezeichnung: Oyster mushroom

Im Kapitel „Pilze auf Stroh oder Strohpellets" (Seite 30) wurde der Austernpilz bereits eingehend beschrieben. Der Anbau von Austernpilzen (*Pleurotus ostreatus*) und seinen Verwandten aus der Gattung *Pleurotus* gelingt auch sehr leicht auf Holzstämmen. Das Myzel ist robust und starkwüchsig. Gerade als Anfänger sollte man diese Pilze unbedingt kultivieren.

Geschichte

Im Jahr 1897 wurden in Frankreich erste Anbauversuche unternommen. Man verstand sich bereits darauf, Austernpilzsporen auf Nährböden auskeimen zu lassen. Mit dem so gewonnenen Myzel wurden frisch geschlagene Holzstämme beimpft. Bald baute man auch in Thüringen, Ungarn und der Tschechoslowakei mit Erfolg Austernpilze an. So entwickelten sich aus den Myzelien diverser Wildstämme nicht nur in Mitteleuropa vielerlei Zuchtformen. In der Praxis kommen je nach Saison verschiedene Arten unter der Bezeichnung Austernpilz in den Gemüsehandel.

Die Arten sind alle robust und wüchsig sowie viele im Geschmack und optisch recht ähnlich, aber sie benötigen unterschiedliche Temperaturen, um zu fruchten. Die Temperaturansprüche des Winterseitlings (Taubenblauer Seitling, *Pleurotus columbinus*) und Sommerseitlings sind schon an ihren Namen erkennbar. Eine Züchtung des *Pleurotus ostreatus* ist die sogenannte Ganzjahressorte, im Folgenden auch als Austernpilz bezeichnet.

Artenauswahl

In der mykologischen Fachwelt werden manche Bezeichnungen anders verwendet als in der Pilzzucht. So wird beispielsweise der Lungenseitling aktuell in Wikipedia auch als Sommerseitling bezeichnet. Im „Pilzbrutgeschäft" sind jedoch Lungenseitling und die Zuchtform „Florida" des Sommerseitlings keineswegs identisch. Die Fruchtkörper des Sommerseitlings unterscheiden sich deutlich von denen des

Übersicht Austernpilzarten für den Anbau auf Holzstämmen im Garten

Art	Fruchtung im Jahresverlauf	Primordienbildung	Fruchtkörperwachstum
Austernpilz Ganzjahressorte (*Pleurotus ostreatus*)	Von zeitigem Frühjahr bis Spätherbst	Absenkung auf 6–15 °C	5–20 °C
Limonenseitling (*Pleurotus cornucopiae* var. *citrinopileatus*)	Vom Frühsommer bis Frühherbst	15–20 °C	17–28 °C
Lungenseitling, Kastanienseitling (*Pleurotus pulmonarius*)	Von zeitigem Frühjahr bis Spätherbst	15–20 °C	11–28 °C
Rosafarbener Seitling (*Pleurotus salmoneostramineus*)	Sommer, jedoch Schutz im Winter erforderlich	18–24 °C	18–28 °C
Sommerseitling (*Pleurotus ostreatus* fm. *Florida*)	Sommer	15–20 °C	13–28 °C
Taubenblauer Seitling, Winterseitling (*Pleurotus columbinus*)	Winter	Absenkung auf 6–10 °C und kälter	5–20 °C
Ulmenseitling (*Hypsizygus ulmarius*)	Sommer	15–20 °C	11–25 °C

Lungenseitlings. In diesem Buch wird immer auf die uns bekannten Zuchtformen Bezug genommen.

Die Temperaturangaben sind Erfahrungswerte von gewerblichen Pilzzüchtern, die die Temperatur und Luftfeuchte in klimatisierten Räumen steuern können. Im Garten ist eine Temperatursteuerung selbstverständlich nicht möglich. Die Daten bieten lediglich Hinweise für die Überlegung, welche *Pleurotus*-Arten Sie anbauen möchten. Für die Primordienbildung, also die Einleitung der Fruchtkörperbildung, ist insbesondere bei dem Taubenblauen Seitling und auch bei der Ganzjahressorte eine Temperaturabsenkung erforderlich. Die Ganzjahressorte fängt im Sommer gerne an zu fruchten, wenn es lange warm und trocken war und es dann einen Wechsel zu feuchtem und etwas kühlerem Wetter gibt. Neben der Temperatur spielt für das Pilzwachstum auch immer die Feuchtigkeit eine wesentliche Rolle.

Anbau im Garten

Der Austernpilz kann auf Baumstümpfen und auf Stammstücken von 20–25 cm Durchmesser und 40–50 cm Länge kultiviert werden. Auf dünnerem Holz bilden Austernpilze nur wenige oder gar keine Fruchtkörper. Sein Myzel entwickelt sich auf den meisten Laubholzarten gut.

Der Pilz scheint Buche zu bevorzugen. Neben Hainbuche und Rotbuche sind Pappel, Birke, Weide, Ahorn, Eberesche und Obstgehölze auch gut geeignet. An Weichhölzern wie Pappel können bei Frühjahrsbeimpfung die ersten Austernpilze manchmal schon im gleichen Sommer oder Herbst geerntet werden. Nach 3–4 Jahren sind Kulturen auf Weichholz erschöpft. Hartholz wird langsamer durchwachsen, bringt aber über 5–7 Jahre Erträge.

Standort: Als endgültiger Standort für Austernpilzkulturen sind schattige Plätze im Garten unter Bäumen und Büschen, neben Hecken und an der Nordseite von Gebäuden geeignet. Von den 10–15 cm tief eingegrabenen Stämmen wächst das Austernpilzmyzel ungefähr 20 cm in die Erde und ergänzt die Versorgung der Pilze mit Wasser und Nährstoffen. Gute humose Gartenerde scheint sich dabei positiv auf den Ertrag auszuwirken. Im Boden darf keine Staunässe herrschen, weil das Erdmyzel sonst ersticken würde.

Nach der Ansicht einiger Experten erscheinen die ersten Austernpilze erst, wenn das Erdmyzel voll ausgebildet wurde. Oft wachsen dann einige Pilze direkt aus dem Boden. Dieses Erdmyzel ist aber vielleicht auch Ursache für eine Bodenmüdigkeit, die gelegentlich beobachtet wurde. Deswegen sollte man Austernpilzkulturen nie ununterbrochen an der gleichen Stelle anlegen.

Kultur: Schützen Sie die Pilzanlagen gleich nach dem Aufstellen vor Schnecken. Die gefräßigen Weichtiere vertilgen nicht nur die kleinen Fruchtkörper restlos, sondern oft auch noch alles Myzel an der Oberfläche der Stämme. Dadurch kann selbst gut durchwachsenes Holz kaum noch Erträge bringen.

Frost schadet dem bereits angewachsenen Myzel nicht mehr. Inzwischen hat man aber herausgefunden, dass sich an Stämmen, die während der Frostperioden mit Zweigen, Laub oder Stroh abgedeckt sind, früher Fruchtkörper bilden als an ungeschützten.

Ab dem Frühling sollten die Stämme wieder regelmäßig befeuchtet werden, zunächst etwa einmal die Woche, während der Erntephase

Abb. 81 Austernpilze wachsen auf Laubholz.

Übersicht Austernpilzanbau auf Holz*	
1. Holzstämme	
Zeitpunkt der Anlage	Bester Zeitpunkt ist im Frühjahr, jedoch ganzjährig möglich, wenn frisches Holz verfügbar ist (z. B. Windbruch nach Herbststurm)
Holzarten	Pappel, Rotbuche, Weide, Esche, Erle, Hainbuche, Eberesche, Ahorn, Apfel, Kirsche, Birke, Rosskastanie, Eiche
Empfohlene Holzmaße und Beimpfung	Stammabschnitte (Länge ca. 35–50 cm, Durchmesser 20–25 cm): 20–25 Impfdübel für 1 Holz 1 l Pilzbrut für 5–6 Hölzer, Bohrlochmethode oder Schnittimpfung
Durchwachsphase	Einmieten günstig, optimale Temperatur 20–22 °C Nach 3–4 Monaten ausmieten, Hölzer eingraben Mit Dübeln beimpfte Stämme eher 6 Monate einmieten
Ernte	Austernseitlinge können bei Frühjahrsbeimpfung an Weichholz noch im gleichen Jahr erscheinen, wärmeliebende Typen sogar schon im gleichen Sommer, insbesondere bei Impfung mit Körnerbrut Mit Impfdübeln auf Hartholz wie Rotbuche dauert es je nach Holzdurchmesser meist eher 1 Jahr, bis das erste Mal geerntet werden kann Seitlingsfruchtkörper erscheinen gerne nach Wetterwechseln bzw. Temperaturstürzen
2. Stubbenimpfung (Baumstümpfe im Erdreich)	
Zeitpunkt der Anlage	4–6 Wochen nach Rodung ganzjährig bis auf starke Frostperioden (Mitte Dezember–Februar), Stümpfe nicht impfen, wenn Pilzbefall am Baum bekannt ist
Holzarten	Pappel, Rotbuche, Weide, Esche, Erle, Hainbuche, Eberesche, Ahorn, Apfel, Kirsche, Birke, Rosskastanie, Eiche Auch tiefere Baumstümpfe, die mit Wurzelfräse bearbeitet wurden
Beimpfung	Impfdübel oder Bohrlochmethode für oberirdische und im Boden erreichbare Stubbenteile und Seitenwurzeln
Durchwachsphase	Stubben benötigen bis zu 2 Jahre. Hartholz wird langsamer durchsponnen als Weichholz Schattieren oberirdischer Stubben Geimpfte flache Stubben und Wurzeln abdecken mit Schreddergut des gerodeten Baumes oder mit Erde
Ernte	1. Ernte evtl. erst nach 2 Jahren. Fruchtkörperbildung bei unterschiedlichen Temperaturen je nach gewählter Art

* gilt auch für weitere *Pleurotus*-Arten in der Tabelle auf Seite 84.

Abb. 82 Der Sommer-Austernpilz bildet bei Temperaturen von 15–25 °C Fruchtkörper.

Abb. 83 Primordien und erste Fruchtkörper.

Abb. 84 Der Winter-Austernpilz erscheint bei Temperaturen von 4–15 °C.

dann am besten täglich. Gießen Sie jedoch bitte die Fruchtkörper nicht direkt, da sie sonst aufquellen wie Schwämme. Sie können die Kulturen aber auch getrost einige Zeit sich selbst überlassen. Wird nicht gegossen, wachsen die Austernpilze nur bei feuchter Witterung, insbesondere nach Wetterwechseln mit starker Abkühlung.

Stubbenimpfung (Baumstümpfe im Erdreich): Da der Austernpilz auch gut auf Kirschholz wächst, eignet er sich speziell zur Impfung von gesunden Kirschbaumstubben. Typisch für Kirschbäume sind oberflächennahe Seitenwurzeln. Diese sollen unbedingt mitgeimpft werden. Die großen Fruchtkörper des Austernpilzes erscheinen dann später entlang der Wurzeln büschelweise verstreut um den ehemaligen Baum herum. Steht der Stubben und seine Seitenwurzeln auf einer Rasenfläche, so ist dies ein besonders schöner Anblick. Auch andere Baumstümpfe können mit Austernpilzarten geimpft werden.

Ernte, Ertrag: Die ersten Pilze bilden sich meist in der Nähe der Impfstellen oder auf der Schnittfläche. Es müssen natürlich die dafür geeigneten Temperaturen herrschen. Zuerst erscheinen die Pilze als kleine weiße Nadelspitzen (Nadelpilze oder Primordien). Einige Tage später ist bereits der dunkle Hut zu erkennen. Bei günstiger Witterung werden sie in 10 Tagen zu erntereifen Exemplaren heranwachsen, manchmal dauert es auch 2–3 Wochen. Austernpilze erscheinen an Holz meist in ganzen Büscheln. Sie sind erntereif, wenn sich der größte Teil der Hüte waagrecht ausgerichtet hat. Die Pilzbüschel werden dicht am Holz abgeschnitten.

Während der ersten 2–3 Erntejahre wird, jeweils in mehreren Wellen, die Hauptmasse der Fruchtkörper gebildet. Dann geht die Ausbeute langsam zurück. Im Laufe der Jahre können sich andere holzbewohnende Pilze wie die Porlinge zusätzlich einstellen. Sie besiedeln nur Gewebezonen, die vom Austernpilz bereits ausgebeutet wurden. Die morschen abgetragenen Hölzer fallen schließlich in sich zusammen.

Austernpilze bringen auf Holz Erträge von ca. 15–20 % des anfänglichen Holzgewichts. Dabei ist zu bedenken, dass ein Buchenstamm (Hartholz) um ein Drittel schwerer ist als ein gleich großer Pappelstamm (Weichholz) und eine entsprechend größere Ernte bringen wird.

Von Maden werden Austernpilze selten befallen, sofern sie nicht überreif werden oder Pilzreste nach der Ernte stehen bleiben.

Gelegentlich wurde beim Austernpilzanbau auf Stämmen Bodenmüdigkeit beobachtet. Deswegen sollten Sie mindestens 3 Jahre warten, bevor Sie wieder an der gleichen Stelle eine Kultur anlegen.

Lungenseitling

Wissenschaftlicher Name: *Pleurotus pulmonarius*
Synonym: Kastanienseitling
Internationale Bezeichnung: Lung oyster mushroom, Indian oyster mushroom

Der Lungenseitling wächst wild in Deutschland. Man findet ihn als Frischpilz im Handel auch unter der Bezeichnung Kastanienseitling. Diese wurde von gewerblichen Züchtern vermutlich aus Gründen der Verkaufsförderung aus der Taufe gehoben. Der Pilz wächst nicht speziell auf Kastanien. Auch seine Form und Farbe hat mit Kastanien wenig gemeinsam.

Aussehen

Der Lungenseitling ähnelt dem Austernseitling. Die Fruchtkörper erscheinen in dichten Büscheln am Substrat, wobei die Fruchtkörper des Lungenseitlings sehr dickfleischig sind. Die Hutränder können auch lappenartig gewellt sein. Lungenseitlinge sind meist heller als Austernseitlinge, die Farbe reicht von cremeweiß bis hellbeige, manchmal grau bis bräunlich.

Anbau im Garten

Er benötigt keinen starken Kältereiz, um die Fruktifikation auszulösen. Wenn es feucht genug ist, fruchtet er mehrmals und üppig von Sommer bis Herbst.

Abb. 85 Lungenseitling (auch Kastanienseitling genannt).

Sommerseitling

Wissenschaftlicher Name: *Pleurotus ostreatus fm. Florida*
Internationale Bezeichnung: Oyster mushroom fm. Florida

Der Sommerseitling ist meist bekannt als die Zuchtform „Florida", was schon auf seine wärmeliebenden Ansprüche hinweist.

Aussehen

In der Wuchsform dem Austernpilz sehr ähnlich. Sommerseitlinge sind jedoch eher beige und weniger grau.

Anbau im Garten

Zum Fruchten braucht der Sommerseitling Wärme und natürlich auch Feuchtigkeit. Aber keine Sorge: Er übersteht genau wie andere *Pleurotus*-Arten winterliche Temperaturen. Der Anbau auf Stämmen gelingt leicht. Pappelholz bringt sehr schnell Erträge.

Sorgen Sie bei Strohanbau für ausreichende Feuchte in und um die Kultur herum. Da dieser Pilz am liebsten bei Wärme fruchtet, ist Austrocknen ein Risiko. Ernten Sie die Fruchtkörper immer ein bisschen früher als es erforderlich scheint. Also lieber die Kulturen frühmorgens abernten als am Abend eines langen und heißen Sommertages.

Anbau im Haus

Auf Strohpellets (und auch auf Strohballen) können Sie Sommerseitlinge gut kultivieren. Der beste Start für eine Pelletkultur ist das Frühjahr.

Prüfen Sie bei Pelletkulturen, ob die Pilze aus den Bodenlöchern der Töpfe erscheinen. Dort fühlt sich der Pilz manchmal wohler als an der Topfoberseite. Falls die Pilze schon aus den Bodenlöchern sprießen wollen: stellen Sie den Topf einfach auf den Kopf.

Abb. 86 Sommerseitling.

Taubenblauer Seitling

Wissenschaftlicher Name: *Pleurotus columbinus*
Synonym: Winterausternseitling
Internationale Bezeichnung: Blue oyster mushroom

Er wird als guter, bissfester Speisepilz auch von Pilzsammlern geschätzt. Er kann in großen Trauben hoch in Baumkronen erscheinen, auch an alten Obstbäumen. Er entwickelt seine Fruchtkörper nur im Winterhalbjahr bzw. bei Temperaturen zwischen 4 und 15 °C.

Aussehen

Taubenblaue Seitlinge können grau, stahlblau oder dunkelbraun gefärbt sein, ihr Fleisch ist dick und fest.

Anbau im Garten

Der Anbau auf Holzstämmen gelingt leicht. Auch der Anbau auf Nadelholz ist möglich, jedoch sind die Erträge geringer als auf Laubholz.

Die Pilze erscheinen nur im Winterhalbjahr. Eventuell besuchen und beobachten Sie die Pilzkulturen dann aufgrund der Witterung nicht so oft, sodass Sie vielleicht die Fruchtkörper zunächst übersehen. Diese können sogar gefroren geerntet werden, sollten aber auch gefroren noch frisch und nicht überaltert aussehen. Die Hüte sollten keinesfalls schon nach oben geklappt sein, sondern immer leicht nach unten eingerollt.

Gefrorene Pilze sollten Sie nicht länger aufgetaut stehen lassen, sondern am gleichen Tag zubereiten und genießen.

Anbau im Haus

Weil der Pilz eine starke Temperaturabsenkung zum Fruchten benötigt, ist ein Anbau im Haus nicht sinnvoll.

Abb. 87 Taubenblauer Seitling.

Ulmenseitling

Wissenschaftlicher Name: *Hypsizygus ulmarius*
Internationale Bezeichnung: Elm oyster mushroom

Zusammen mit den Austernpilzen ist hier auch der sogenannte Ulmenseitling beschrieben. Diese den *Pleurotus*-Arten sehr ähnliche und ertragreiche Pilzart stammt ursprünglich wahrscheinlich aus den USA. Ob es sich um eine Wildform oder eher um eine Zuchtform handelt, ist uns nicht bekannt. Mikroskopische Sporenuntersuchungen ergaben große Ähnlichkeit mit den Sporen des Sommerseitlings (Florida-Zuchtform) und weniger mit den Sporen anderer *Hypsizygus*-Arten (z.B. Buchenpilz, *Hypsizygus tessulatus*).

Abb. 88 Ulmenseitling.

Aussehen

Der Ulmenseitling erinnert in seiner Cremefärbung an den Sommerseitling, die büschelige und seitliche Wuchsform generell an Austernpilze. Die Fruchtkörper wirken im Ganzen ein wenig rundlicher und haben gelegentlich auffällige rundliche Einbuchtungen, als ob zwei Pilze zusammengewachsen sind.

Anbau im Garten

Vom Frühsommer bis in den milden Herbst bringt der Ulmenseitling bei feuchtwarmer Witterung hervorragende Erträge.

Anbau im Haus

Als Topfkulturen auf Strohpellets oder auf Stroh in Säcken können Sie Ulmenseitlinge gut kultivieren, am besten im Sommerhalbjahr, im Herbst auch gut im Gewächshaus.

Stockschwämmchen

Wissenschaftlicher Name: *Kuehneromyces mutabilis*
Synonym: *Pholiota mutabilis*
Internationale Bezeichnung: Changeable agaric mushroom

Viele Kenner zählen das Stockschwämmchen zu den wohlschmeckenden Speisepilzen. Bei uns ist der zarte Pilz vom Frühjahr bis zum Herbst, besonders aber im Sommer, in ganzen Büscheln an den Stümpfen von Laubbäumen zu finden (Abb. 89 Seite 93). Leider hat dieser Pilz einen giftigen Doppelgänger: Es kann leicht mit dem tödlich-giftigen Nadelholz- oder Gifthäubling (*Galerina marginata*) verwechselt werden. Beide Arten können in der Natur nah beieinander und sogar durcheinander auf einem Baumstumpf erscheinen. Das Sammeln in der Natur von Stockschwämmchen zu Speisezwecken erfordert also große Erfahrung.

Aussehen

Die hell- bis zimtbraunen Hüte erreichen Durchmesser von 3–8 cm und besitzen eine dunklere Randzone. Die Hüte junger Pilze sind halbkugelförmig. Sie breiten sich mit der Reife aus, oft zeigt sich aber in der Mitte noch ein Buckel. Die gedrängt stehenden Lamellen sind zunächst gelblich, dann zimtbraun. Das Sporenpulver ist ockergelb. Der schmächtige beringte Stiel wird höchstens 5 mm breit und 6–10 cm lang. Unterhalb dieses Rings ist der Stiel dunkel und sparrig-schuppig, oberhalb hellgelb ähnlich dem Hut. Das Fleisch des Stockschwämmchens ist weißlich und mürbe. Es riecht und schmeckt angenehm aromatisch nach Pilzen.

> **Achtung**
>
> Mit bloßem Auge und genügend Erfahrung lassen sich Stockschwämmchen und Gifthäubling anhand der Stielmerkmale sicher unterscheiden. Der Gifthäubling ist durch einen silbrig-längsfaserigen Stiel mit einem faserigen Ringbereich gekennzeichnet, wohingegen das Stockschwämmchen einen braunschuppigen Stiel mit einem häutigen Ring besitzt. Außerdem besteht eine große Ähnlichkeit des Stockschwämmchens zu anderen Häublingen und einigen Schwefelköpfen.

Geschichte

Mit dem Stockschwämmchen wurden in Deutschland Anfang des 20. Jahrhunderts erste Anbauversuche unternommen, die keine nennenswerten Ergebnisse lieferten. Erst in den Notzeiten von 1943–1945 erzielte man in Thüringen bedeutendere Erfolge. Die Nahrungsmittelknappheit hatte die Versuche vorangetrieben. Dabei fehlte es damals aber noch an mehr: Die Bleistiftindustrie konnte kein Zedernholz

Abb. 89 Stockschwämmchen (*Kuehneromyces mutabilis*).

importieren, aus einheimischen Holzarten waren aber keine gut spitzbaren Bleistifte herzustellen. Was haben nun Stockschwämmchen und Bleistifte miteinander zu tun?

Man hatte bei den thüringischen Versuchen auch entdeckt, dass das von Stockschwämmchen abgebaute Holz weiß, aufgelockert und porös wurde, dennoch aber lange Zeit einen verhältnismäßig guten Zusammenhalt hatte. Stockschwämmchen wachsen nämlich vor allem in Richtung der Holzfaser und zerstören die zellulosehaltigen Querwände der Holzzellen zunächst nicht. Die Gerüstsubstanz des Holzes bleibt somit erhalten. Die Ansprüche des Stockschwämmchens waren damals bereits so weit erforscht, dass sein Myzelwachstum in Räumen durch geeignete Temperaturen und Feuchtigkeit gesteuert werden konnte.

Dadurch war der Weg frei für die Myko-Holz-Herstellung: Vor allem Buchen- und Birkenstämme wurden mit Stockschwämmchenbrut beimpft. Unter günstigen Bedingungen ließ man das Holz durchwachsen. Schließlich wurde das Myzel abgetötet und zurück blieb ein gut spitzbares, vorzügliches Bleistiftholz. Nachdem es aber bis 1949 weder Stearinkerzen noch Dochte gab, wurden aus dem porösen Myko-Holz sogenannte Sparkerzen angefertigt: Man tränkte Pilzholz-Stäbchen einfach mit Paraffin.

Anbau im Garten

Stockschwämmchen werden auf Holzstämmen gezogen, die einen Durchmesser von 20–25 cm und eine Länge von 35–50 cm haben sollten. Besonders geeignet sind Rotbuche, Hainbuche, Erle, Espe, Esche, Ahorn, Birke, Pappel, Weide, Rosskastanie und Eiche (Abb. 90 auf Seite 95). Für den Stockschwämmchenanbau wird Körnerbrut oder auch Brut auf Basis von Holzspänen und Impfdübel verwendet.

Auch der Anbau auf gesunden Baumstümpfen im Erdreich ist möglich, am besten impfen Sie diese im Frühjahr.

Nach dem Impfen mieten Sie die Stämme auf eine der bereits beschriebenen Weisen ein. Die optimale Temperatur während der Durchwachsphase liegt zwischen 20 und 22 °C. Nach 3–4 Monaten ist das Myzel so weit eingewachsen, dass die Hölzer ausgemietet werden können. Hölzer, deren Impfstellen von grünem oder grauem Myzel befallen sind, werden geprüft, wie stark der Befall ist, und eventuell entsorgt.

Skizze 9 Stockschwämmchenkultur auf waagerecht eingegrabenen Stämmen.

Abb. 90 Stockschwämmchenkultur auf einem Baumstamm.

Das Stockschwämmchen zählt zu den Pilzarten, die unbedingt Erdkontakt brauchen und ein ausgeprägtes Erdmyzel bilden. Auch hier wurde schon Bodenmüdigkeit beobachtet und Sie sollten nicht zweimal hintereinander am gleichen Platz Stockschwämmchen anbauen. Die geimpften Stämme können nun aufrecht stehend 10–15 cm tief eingegraben werden. Einige Pilzzüchter schwören aber, dass Stockschwämmchen besonders gut wachsen, wenn man den Stamm waagerecht liegend bis zur Hälfte eingräbt (Skizze 9 auf Seite 94).

Das Stockschwämmchen stellt hohe Ansprüche an Boden- und Luftfeuchtigkeit. Deswegen müssen Sie für diese Kultur einen besonders feuchten und schattigen Standort suchen und auch die Erde um die Stämme sollte nicht austrocknen.

Das Stockschwämmchenmyzel hat eine relativ lange Durchwachsphase. Auf Weichholz wird bei Frühjahrsbeimpfung die erste Ernte ins folgende Frühjahr fallen, auf Hartholz eventuell erst in den übernächsten Herbst. Auch Baumstümpfe im Erdreich können auf die bereits beschriebenen Arten mit Stockschwämmchenbrut beimpft werden. Die Durchwachsphase dauert etwa 2 Jahre. Ein Schrägdach (Skizze 8 auf Seite 73) ist sehr vorteilhaft.

Stockschwämmchen können bereits im April und bei mildem Wetter bis in den Dezember hinein erscheinen. Die optimale Temperatur für die Fruchtkörperbildung liegt zwischen 14 und 18 °C. Am weißen Myzel werden sich zunächst braune Knötchen bilden. Innerhalb von 1–2 Wochen wachsen sie zu erntereifen Pilzen heran.

Stockschwämmchen wachsen in ganzen Büscheln, wobei zahlreiche Stiele an der Basis zusammengewachsen sind. Schneiden Sie das ganze Büschel dicht am Holz ab, sobald sich ein Großteil der Hüte ausgebreitet hat. Die zähen dünnen Stiele können Sie trocknen und als Würze verwenden oder bei der Zubereitung unmittelbar unter den Hüten abtrennen. Die Kultur kann auf Weichholz bis zu 5, auf Hartholz bis zu 8 Jahre, auf Baumstümpfen gut ein Jahrzehnt dauern.

Übersicht Stockschwämmchenanbau auf Holz	
1. Holzstämme	
Zeitpunkt der Anlage	Bester Zeitpunkt ist im zeitigen Frühjahr, jedoch ganzjährig möglich, wenn frisches Holz verfügbar ist (z. B. Windbruch nach Herbststurm)
Holzarten	Rotbuche, Pappel, Birke, Hainbuche, Eiche, Esche, Erle, Ahorn, Weide, Rosskastanie, Linde
Empfohlene Holzmaße und Beimpfung	Stammabschnitte (Länge ca. 35–50 cm, Durchmesser 20–25 cm): 20–25 Impfdübel für 1 Holz 1 l Pilzbrut für 5–6 Hölzer, Bohrlochmethode oder Schnittimpfung
Durchwachsphase	Einmieten günstig, optimale Temperatur 20–22 °C Nach 3–4 Monaten ausmieten, Hölzer eingraben, auch liegend möglich
Ernte, Ertrag	Optimale Temperatur zwischen 14 und 18 °C Fruchtkörperbildung von April bis Dezember in mehreren ertragreichen Wellen: Pilze erscheinen meist als Kranz um den Stamm herum Auf Weichholz bei Frühjahrsbeimpfung: 1. Ernte im folgenden Frühjahr, auf Hartholz evtl. erst im übernächsten Herbst Ernte fachkundig prüfen, um Verwechslungen auszuschließen. Doppelgänger Gifthäubling (*Galerina marginata*) erscheint wild auf Baumstümpfen, aber auch auf Rindenmulch
2. Stubbenimpfung (Baumstümpfe im Erdreich)	
Zeitpunkt der Anlage	4–6 Wochen nach Rodung ganzjährig bis auf starke Frostperioden (Mitte Dezember–Februar), Stümpfe nicht impfen, wenn Pilzbefall am Baum bekannt ist
Holzarten	Rotbuche, Pappel, Birke, Hainbuche, Eiche, Esche, Erle, Ahorn, Weide, Rosskastanie, Linde
Beimpfung	Impfdübel oder Bohrlochmethode für oberirdische und im Boden erreichbare Stubbenteile und Seitenwurzeln
Durchwachsphase	Schattieren oberirdischer Stubben Geimpfte flache Stubben und Wurzeln abdecken mit Schreddergut des gerodeten Baumes oder mit Erde
Ernte, Ertrag	1. Ernte evtl. erst nach 2 Jahren Fruchtkörperbildung bei 14–18 °C in mehreren Wellen vom April bis in den Dezember Ernte fachkundig prüfen, um Verwechslungen auszuschließen Doppelgänger Gifthäubling (*Galerina marginata*) erscheint wild auf Baumstümpfen, aber auch auf Rindenmulch

Anbau im Haus

Im Haus kann das Stockschwämmchen auf Fertigkulturen auf Sägemehlbasis entsprechend der vom Lieferanten mitgelieferten Kulturanleitung angebaut werden. Meist sind 2–3 Erntewellen möglich. Eine nichtsterile Herstellung eigener Substrate ist wenig erfolgversprechend.

Verwendung, Lagerung, Konservierung

Die Hüte ergeben besonders aromatische Suppen. Für Soßen, die püriert oder gesiebt werden, können Sie auch die Stiele verwenden. Stockschwämmchen halten sich im Kühlschrank 4–6 Tage. Sie können eingefroren werden, eignen sich aber ausgesprochen gut zum Trocknen und ergeben dann ein noch besseres Aroma.

Samtfußrübling

Wissenschaftlicher Name: *Flammulina velutipes*
Synonym: Winterpilz, Enoki
Internationale Bezeichnung: Velvet foot, Golden needle mushroom

Der Samtfußrübling wird auch Winterpilz genannt, weil er erst bei Temperaturen unter 15 °C wächst. Etwa von September bis April erscheint er in Deutschland büschelweise an Stümpfen von Laubbäumen (Abb. 91 auf Seite 97).

In Japan und China wird der Samtfußrübling wegen seines Aromas sehr geschätzt. Er zählt dort nach dem Shiitake zu den wichtigsten Kulturpilzen. Bei uns ist er in Asialäden als Frischpilz mit Namen Enoki zu bekommen, allerdings sieht er dann ganz anders aus – fast weiß und mit bis zu 15 cm langen dünnen Stielen in Bündeln. Er wird dafür in Pilzfarmen in Flaschen gezogen, eine Art Manschette sorgt dabei für die langen Stiele.

Aussehen

Die Hüte dieses zierlichen Pilzes sind honiggelb, orangegelb oder auch rostbraun, in der Mitte dunkler und erreichen Durchmesser von 3–8 cm. Ihre Oberfläche ist meist klebrig. Die Lamellen sind ockergelb, später rötlich, das Sporenpulver ist weiß. Die dünnen Stiele sind an der Spitze gelb bis rotbraun, an der Basis dunkelbraun bis schwärzlich gefärbt und werden 3–10 cm lang. Die Oberfläche von Jungpilzen fühlt sich zuerst angenehm samtig an; diesem Umstand verdankt der Pilz auch seinen Namen. Das Fleisch ist weißlich bis gelblich, sein Geruch erinnert etwas an Fisch.

Anbau im Garten

Samtfußrüblinge werden auf Laubholzstämmen und -stümpfen kultiviert. Geeignet sind Esche, Pappel, Weide, Erle, Birke, Linde, Walnuss, Rosskastanie und Buche. Die Stämme sollten 20–25 cm Durchmesser erreichen und 35–50 cm lang sein.

Die beste Impfzeit ist von Frühjahr bis Herbst bzw. je nach Holzverfügbarkeit. Die Stämme werden danach auf eine der beschriebenen Arten eingemietet. Bei durchschnittlichen Temperaturen von 20 °C wird das Myzel in 3–4 Monaten gut einwachsen und an den Schnittstellen erscheinen. Die Stämme mietet man dann aus und gräbt sie an einem schattigen Platz senkrecht etwa 10–15 cm tief ein.

Auch hier kann die Brut an den Impfstellen von Schimmelpilzen oder Maden heimgesucht werden, wenn unsauber gearbeitet oder die Folie nicht eng anliegend befestigt wurde. Der Samtfußrübling besitzt aber eine unheimliche

Abb. 91 Samtfußrüblinge in der freien Natur.

Abb. 92 Samtfußrüblinge gibt es im Asialaden als Enoki.

Abb. 93 Samtfußrüblinge wachsen sogar im Schnee.

Durchsetzungskraft: Sofern die Brut nicht restlos befallen wurde, kann die Kultur durchaus noch angehen. Es wird aber etwas länger dauern, bis die ersten Pilze erscheinen.

Auf Weichholz und bei Frühjahrsbeimpfung erscheinen die ersten Samtfußrüblinge mit einiger Sicherheit bereits im folgenden Herbst oder Winter, bei Hartholz kann es länger dauern. Die optimalen Temperaturen für die Fruchtkörperbildung liegen bei 8–12 °C. Frostperioden schaden den Pilzen nicht. Oft gefrieren sie beinhart, wachsen aber nach dem Auftauen wieder weiter. Sie werden dadurch keinesfalls ungenießbar. Eingeschneite Stämme sollten Sie ab und zu kontrollieren, ob nicht unter der Schneedecke (Abb. 93 auf Seite 98) gerade wieder eine Erntewelle heranwächst. Die ganzen Büschel werden dicht am Stamm abgeschnitten und die Hüte verwendet.

Samtfußrüblinge können auch sehr gut nach den bereits beschriebenen Methoden auf Baumstümpfen angebaut werden. Die beimpften Stämme und Stümpfe brauchen sehr wenig Pflege, nur während der Sommermonate ab und zu etwas Wasser. Die Kultur dauert an Weichholz 3–4, an Hartholz 5–7 Jahre, auf Baumstümpfen etwa ein Jahrzehnt.

Anbau im Haus

Samtfußrüblinge können als Fertigkulturen in geschlossenen Räumen kultiviert werden, sofern dort Temperaturen unter 15 °C herrschen. Interessanterweise wurde immer wieder bei kalt (2–4 °C) lagernder Pilzbrut und auch Impfdübeln beobachtet, dass diese in der Packung beginnen, Fruchtkörper auszubilden, jedoch nur im Spätherbst und Frühwinter. Unser Rat ist deshalb, Fertigkulturen eher nur im Spätherbst und Winter aufzustellen, da der Pilz eine „innere Uhr“ zu haben scheint und eine kühle Umgebung braucht. Der Samtfußrübling benötigt zur Fruchtkörperbildung nicht unbedingt Licht. Bei völliger Dunkelheit wächst er bleich und weiß, bei schwachem Dämmerlicht honiggelb.

Verwendung, Lagerung, Konservierung

Von Freilandpilzen werden nur die Hüte verwendet. Sie ergeben eine gute Suppe. Im Kühlschrank halten sich Samtfußrüblinge 4–6 Tage. Sie eignen sich auch zum Einfrieren und Trocknen.

Übersicht Samtfußrüblinganbau auf Holz	
1. Holzstämme	
Zeitpunkt der Anlage	Bester Zeitpunkt ist im zeitigen Frühjahr, jedoch ganzjährig möglich, wenn frisches Holz verfügbar ist (z. B. Windbruch nach Herbststurm)
Holzarten	Rotbuche, Weide, Eiche, Birke, Esche, Erle, Pappel, Ahorn, Ulme, Rosskastanie, Walnuss, Kirsche
Empfohlene Holzmaße und Beimpfung	Stammabschnitte (Länge ca. 35–50 cm, Durchmesser 20–25 cm): 20–25 Impfdübel für 1 Holz 1 l Pilzbrut für 5–6 Hölzer, Bohrlochmethode oder Schnittimpfung
Durchwachsphase	Einmieten günstig bei Temperaturen um 20 °C Nach 3–4 Monaten ausmieten und aufrecht eingraben
Ernte	Fruchtung bei 8–14 °C nach Kälteschock im Winterhalbjahr
2. Baumstümpfe	
Zeitpunkt der Anlage	4–6 Wochen nach Rodung ganzjährig bis auf starke Frostperioden (Mitte Dezember–Februar), Stümpfe nicht impfen, wenn Pilzbefall am Baum bekannt ist
Holzarten	Rotbuche, Weide, Eiche, Birke, Esche, Erle, Pappel, Ahorn, Ulme, Rosskastanie, Walnuss, Kirsche
Beimpfung	Impfdübel oder Bohrlochmethode für oberirdische und im Boden erreichbare Stubbenteile und Seitenwurzeln
Durchwachsphase	Schattieren der Baumstümpfe Geimpfte flache Stümpfe und Wurzeln abdecken mit Schreddergut des gerodeten Baumes
Ernte, Ertrag	Fruchtung bei 8–14 °C nach Kälteschock im Winterhalbjahr 1. Ernte evtl. erst nach 2 Jahren

Südlicher Ackerling

Wissenschaftlicher Name: *Agrocybe aegerita* oder *Agrocybe cylindracea*
Synonym: früher auch Südlicher Schüppling, Pioppino (Pioppo = italienisch für Pappel), als Frischpilz auch als Samthaube im Handel
Internationale Bezeichnung: Black poplar mushroom, Seta de chopo, Janagi-Matsutake

Wie schon der Name vermuten lässt, stellt der Südliche Ackerling relativ hohe Wärmeansprüche. In Deutschland wächst er wild an Pappelstümpfen, gern in Weinbaugebieten oder in warm-feuchten Gebieten wie den Rheinauen. Als Frischpilz ist er leider viel zu selten im Handel. Er wird gewerblich auf Substratblöcken angebaut, nicht nur in Deutschland, sondern in größeren Mengen auch in Italien.

Aussehen

Seine feinen Hüte können ziegelrot, blassfuchsig oder gelbbraun gefärbt sein und erreichen Durchmesser von 4 bis 12 cm. Junge Hüte sind zuerst dunkel und halbkugelig, sie flachen dann ab. Die dunklere Mitte kann später sowohl niedergedrückt als auch leicht gebuckelt sein. Bei Wärme kann die Oberfläche rissig werden und sehr hell. Die Lamellen und die Sporen sind zuerst weißlich, dann ocker- bis tabakbraun.

Die beringten Stiele sind weiß bis blassbraun, fest und manchmal etwas holzig. Sie werden bis zu 1,5 cm breit und bis zu 15 cm lang. Sie verjüngen sich nach unten und sind meist zu ganzen Büscheln verwachsen. Das Fleisch ist fest und weiß bis blassbraun gefärbt. Der Geruch ist aromatisch-pilzig.

Geschichte

Der Südliche Ackerling zählt zu den ältesten Kulturspeisepilzen. Schon die Römer schätzten ihn neben dem Champignon, dem Kaiserling und der Trüffel sehr hoch ein. Die antiken Schriftsteller Dioscorides und Plinius erwähnen bereits erste Kulturversuche. Die Schüpplinganbauer verfuhren damals denkbar einfach: Sie legten reife Hüte auf Stammstücke und Stümpfe und warteten ab, bis die Sporen auskeimten und das Holz durchwuchsen.

Anbau im Garten

Der Südliche Ackerling kann auf Stämmen von 20–25 cm Durchmesser und 35–50 cm Länge sowie auf gesunden Baumstümpfen gezogen werden. Am besten orientieren Sie sich bei der

Abb. 94 Südlicher Ackerling (*Agrocybe aegerita*), Fertigkultur.

Abb. 95 Südlicher Ackerling auf Holzstämmen im Garten.

Holzwahl an der Natur als Vorbild und verwenden Pappel oder Weide. Falls diese Weichholzarten nur mit stärkerem Durchmesser verfügbar sind (bis zu 30 cm), sollten Sie unbedingt Brut statt Dübel verwenden.

Auch Erle, Linde oder Rotbuche können beimpft werden, diese jedoch generell nur mit einem Durchmesser bis zu etwa 20 cm.

Für alle genannten Holzarten können Sie auch Impfdübel verwenden, aber bitte nur für Stämme bis maximal 20 cm Durchmesser, um ein schnelles Einwachsen des sehr zarten Myzels zu gewährleisten.

Die Stämme werden nach einer der eingangs beschriebenen Methoden beimpft und eingemietet (Seite 61). Bei Temperaturen um 20 °C durchwächst das Myzel das Holz in 3–4 Monaten. Die durchwachsenen Stämme kommen an einen schattigen Platz im Garten. Dort sollten sie aufrecht stehend 10–15 cm tief eingegraben werden. Die Kulturen dürfen nun nicht mehr austrocknen. Für die Fruchtkörperbildung sind sommerliche Temperaturen erforderlich. Ist der erste Herbst nach der Impfung warm, können bei der Stammkultur bereits die ersten Ackerlinge erscheinen. Auf stärkeren Hölzern und Baumstümpfen kann es noch bis zum nächsten Frühsommer dauern. Je nach Region und Temperatur gibt es eine oder mehrere Erntewellen zwischen Mai und Oktober. Im Süden mehr, im Norden weniger. Beispiel Niedersachsen: Eine Ernte pro Jahr, meist im September.

Tipp

Wegen der hohen Temperaturansprüche lassen sich Südliche Ackerlinge auch gut auf Stämmen im Gewächshaus ziehen, im Sommer sollte dieser Bereich jedoch beschattet sein (z. B. Untertischkultur) und die Stämme dürfen nicht austrocknen.

Anbau im Haus

Im Haus kann der Südliche Ackerling auf Fertigkulturen entsprechend der vom Substratlieferanten mitgelieferten Kulturanleitung angebaut werden. Meist sind 2–3 Erntewellen möglich. Eine nichtsterile Herstellung eigener Substrate ist nicht erfolgversprechend.

Verwendung, Lagerung, Konservierung

Spätestens wenn sich der größte Teil der Hüte ausgebreitet hat, schneiden Sie die ganzen Pilzbüschel dicht an der Holzoberfläche ab. Mit einem zweiten Schnitt werden die Stiele dicht am Büschelende abgetrennt, sie bleiben bei der Zubereitung härter als die Hüte, können aber insbesondere bei zarten Fruchtkörper auch verwendet werden. Im Kühlschrank halten sich die Pilze 4–6 Tage. Sie ergeben eine aromatische Suppe oder Soße. Sie können auch tiefgefroren, getrocknet oder eingemacht werden.

Übersicht Anbau Südlicher Ackerling auf Holz	
Holzstämme	
Zeitpunkt der Anlage	Bester Zeitpunkt ist im zeitigen Frühjahr, jedoch ganzjährig möglich, wenn frisches Holz verfügbar ist (z. B. Windbruch nach Herbststurm)
Holzarten	Pappel, Weide, Erle, Linde, Rotbuche
Empfohlene Holzmaße und Beimpfung	Stammabschnitte (Länge ca. 35–50 cm, Durchmesser 20–25 cm): 20–25 Impfdübel für 1 Holz 1 l Pilzbrut für 5–6 Hölzer, Bohrlochmethode oder Schnittimpfung
Durchwachsphase	Einmieten günstig, optimale Temperatur 20–22 °C Nach 3–4 Monaten ausmieten, dann Stämme aufrecht eingraben
Ernte, Ertrag	Fruchtkörperbildung bei 15–35 °C in mehreren Wellen vom Frühsommer bis in den Herbst.

Judasohr

Wissenschaftlicher Name: *Auricularia auricula-judae*
Synonym: Ohrlappenpilz, Holunderschwamm
Internationale Bezeichnung: Jelly ear mushroom

Die Deutsche Gesellschaft für Mykologie hat das Judasohr zum „Pilz des Jahres 2017“ gewählt. Kenner können diesen Pilz zumindest in Süddeutschland fast das ganze Jahr über sammeln. Er wächst bevorzugt auf alten abgestorbenen Holunderstämmen, erscheint aber auch auf anderen Laubholzarten wie Ahorn oder Ulme. Er tritt vor allem ab August in größeren Mengen auf. Seine ungewöhnliche Form macht das Judasohr unverwechselbar. Leider ist Pilzbrut des Judasohrs schwer zu bekommen.

Viele Menschen kennen einen sehr nahen Verwandten des Judasohrs aus dem Chinarestaurant. Das ist üblicherweise *Auricularia polytricha*, der auch als „Mu-Err“ und „Ohr des Baumes“ bezeichnet wird. Etwas irreführend wird er auch als „Chinesische Morchel“ angeboten. Mit den echten Morcheln ist dieser Pilz allerdings nicht verwandt.

Abb. 96 Judasohr (*Auricularia auricula-judae*).

Aussehen

Die rötlich-braunen, violett-grauen oder fast schwarzen Fruchtkörper sind jung schüsselförmig und erreichen einen Durchmesser von 3–8 cm. Ältere Exemplare entwickeln eine unregelmäßige, oft ohrenähnliche Form, gelegentlich bilden sich auch mehrere Lappen. Die Innenseite ist glatt, die Außenseite meist rau. Die gallertigen Fruchtkörper sitzen mit einem kurzen Stielchen am Holz fest. Das Hutfleisch ist dünn, knorpelig und ohne besonderen Geruch und Geschmack.

Geschichte

Bei uns wurden die „Holunderschwämme“ jahrhundertelang als Heilmittel verwendet. Man legte sie auf entzündete Augen oder bereitete aus ihnen einen Aufguss zum Gurgeln, der bei Hals- und Rachenerkrankungen helfen sollte. Diese Anwendungen sind inzwischen nicht mehr üblich.

Anbau im Garten

Das Judasohr gedeiht am besten auf Ästen oder Stammabschnitten von etwa 8–15 cm Durchmesser und 90–120 cm Länge. Geeignet sind Schwarzer Holunder, Ahorn, Ulme, Buche und auch andere Laubholzarten. Der beste Zeitpunkt für die Beimpfung liegt in den Monaten April und Mai. Es empfiehlt sich eine Dübelimpfung oder die Schnittimpfmethode, wobei je Holz zwei Einschnitte gemacht werden.

Sind die beimpften Äste oder Stammabschnitte dann eingemietet, werden sie bei Temperaturen um 20 °C in 2–3 Monaten vom Myzel durchwachsen sein. Anschließend werden die Hölzer ausgemietet und an einem schattigen Platz kreuzweise aufgestellt oder an die Stämme von Bäumen angelehnt (vgl. Shiitake, Seite 79).

Bei feuchtem und mildem Wetter können schon im Spätsommer die ersten Fruchtkörper erscheinen. Die idealen Temperaturen hierfür betragen 18–23 °C, die optimale Luftfeuchtigkeit über 80 %. Wenn Sie die Hölzer regelmäßig begießen, werden nach kürzeren Ruhepausen immer wieder Pilze wachsen. Spätestens, wenn sich an der Unterseite der Pilze weiße Sporen zeigen, schneiden Sie die Judasohren dicht am Holz ab.

Verwendung, Lagerung, Konservierung

Das Judasohr ist seinem chinesischen Verwandter Mu-Err sehr ähnlich und kann auch so verwendet werden, vor allem in asiatischen Suppen und in Mischgerichten mit Fleisch und gedünstetem Gemüse, gerne im Wok zubereitet. Beide Pilzarten haben wenig Eigengeschmack, aber eine interessante Konsistenz.

Zur Haltbarmachung trocknen Sie die ganzen Pilze. Werden sie in warmes Wasser gelegt, quellen sie auf und nehmen nach etwa einer Stunde wieder die alte Form, Farbe und Konsistenz an.

Abb. 97 Frische Mu-Err-Pilze auf einem Markt in Bangkok.

Graublättriger Schwefelkopf

Wissenschaftlicher Name: *Hypholoma capnoides*
Synonym: Rauchblättriger Schwefelkopf
Internationale Bezeichnung: Conifer tuft

Nicht nur im Herbst erscheint der Graublättrige Schwefelkopf meist büschelweise an Nadelholzstümpfen. Er ist in ganz Deutschland heimisch. Der Pilz wird durch die Tatsache interessant, dass er auf Douglasien-, Fichten- und Kiefernholz wächst. Für den Hobbypilzanbau eignen sich sonst kaum Arten, die auf Nadelholz gedeihen. Außerdem kann er als Stubbenzersetzer verwendet werden.

Aussehen

Die zarten gelben oder blassocker gefärbten Hüte werden 5–8 cm breit. Sie können zunächst gewölbt, später abgeflacht und manchmal auch leicht gebuckelt sein. Die Hutmitte ist fuchsig-rötlich bis fuchsig-bräunlich gefärbt. Die Lamellen sind rauchgrau oder graublau, aber nie grün oder gelb. Dieses Merkmal unterscheidet diese Art vom schwach giftigen Grünblättrigen Schwefelkopf. Das Sporenpulver ist braun. Die gelben bis dunkelbraunen hohlen Stiele werden 3–8 cm lang. Das dünne Fleisch der Hüte ist weiß, riecht etwas streng, schmeckt aber sehr mild und nicht bitter.

Abb. 98 Graublättriger Schwefelkopf (*Hypholoma capnoides*). Doppelgänger-Risiko: Pilze vor Verzehr sicher bestimmen.

Achtung

Mykologische Laien könnten den Graublättrigen Schwefelkopf mit dem giftigen Grünblättrigen Schwefelkopf verwechseln. Wer den Graublättrigen Schwefelkopf auf Holz anbaut und erntet, muss deshalb in der Lage sein, ihn eindeutig zu bestimmen. Ein weiterer Schwefelkopf ist der Ziegelrote Schwefelkopf, dieser wird als ungenießbar, gelegentlich auch als giftverdächtig beschrieben.

Anbau im Garten

Der Graublättrige Schwefelkopf wird am besten auf Kiefern- oder Fichtenholz gezogen, zweitrangig ist auch Buche möglich. Geeignet sind Stämme von etwa 20 cm Durchmesser und 35–50 cm Länge. Die beste Zeit für den Kulturbeginn sind die Monate April und Mai. Die Hölzer werden auf eine der beschriebenen Weisen beimpft und eingemietet.

Das Anbohren von Nadelhölzern ist schwieriger als das von Laubhölzern, denn der Bohrer kann sich im harzhaltigen Holz festfressen. Halten Sie den Stamm und die Bohrmaschine beim Bohren der Löcher also gut fest.

Nach 3–4 Monaten Durchwachszeit mieten Sie die Stämme aus und graben sie an einem schattigen Platz aufrecht stehend 10–15 cm tief ein. Sie sollten möglichst nicht austrocknen.

Schon im Herbst können die ersten Pilze erscheinen. Der Graublättrige Schwefelkopf bildet das ganze Jahr hindurch in mehreren Wellen Fruchtkörper, sowohl im Herbst als auch im zeitigen Frühjahr. Sie werden dicht am Holz abgeschnitten. Mit einem zweiten

Schnitt direkt unter dem Hut entfernen Sie die unbrauchbaren Stiele. Die Dauer der Kultur ist abhängig von der Dicke der Stammabschnitte.

Wenn Sie überalterte Nadelbäume im Garten entfernen müssen oder ein Sturmschaden Nadelbäume zu Fall gebracht hat und Sie die Baumstümpfe nicht vollständig roden möchten, können Sie deren Zersetzung durch Impfung mit dem Graublättrigen Schwefelkopf beschleunigen. Hierbei ist es wichtig, dass nun eventuell frei und somit sonnig stehende Baumstümpfe nach der Impfung schattiert werden.

Bei höher aus dem Boden stehenden Baumstümpfen hilft der Bau eines kleinen Daches (Skizze 8 auf Seite 73). Auch Zweige des entfernten Nadelbaumes können zur Abdeckung benutzt werden, wenn noch verfügbar. Bei Baumstümpfen, die mit einer Wurzelfräse teilweise im Erdreich ausgefräst wurden, reicht das Abdecken der Stümpfe mit einer 5–10 cm Schicht Schreddergut gleich nach Impfung.

Bei Stubbenimpfung ist ein Erscheinen der Fruchtkörper über 10 Jahre oder mehr möglich, abhängig von der Menge der im Boden vorhandenen Stamm- und Wurzelreste. Wenn sich im Bereich der Rodungsfläche über die Jahre Vegetation entwickelt oder gezielt etwas gepflanzt wird, sind die Pilze eventuell leicht zu übersehen, da sie büschelig direkt aus dem Erdreich wachsen können. Die Pilze können sich auch entlang von Wurzelsträngen ausbreiten.

Übersicht Anbau Graublättriger Schwefelkopf auf Holz	
1. Holzstämme	
Zeitpunkt der Anlage	Bester Zeitpunkt ist im zeitigen Frühjahr, jedoch ganzjährig möglich, wenn frisches Holz verfügbar ist (z. B. Windbruch nach Herbststurm)
Holzarten	Douglasie, Fichte, Kiefer, Weißtanne
Empfohlene Holzmaß und Beimpfung	Stammabschnitte (Länge ca. 35–50 cm, Durchmesser 20–25 cm): 20–25 Impfdübel für 1 Holz 1 l Pilzbrut für 5–6 Hölzer, Bohrlochmethode oder Schnittimpfung
Durchwachsphase	Einmieten günstig, optimale Temperatur 20–22 °C Nach 3–4 Monaten ausmieten, dann Stämme aufrecht eingraben
Ernte, Ertrag	Fruchtkörperbildung bei 15–25 °C in mehreren Wellen vom Frühsommer bis in den Herbst Ernte fachkundig prüfen, um Verwechslungen auszuschließen
2. Stubbenimpfung (Baumstümpfe im Erdreich)	
Zeitpunkt der Anlage	4–6 Wochen nach Rodung ganzjährig bis auf starke Frostperioden (Mitte Dezember–Februar), Stümpfe nicht impfen, wenn Pilzbefall am Baum bekannt ist
Holzarten	Douglasie, Fichte, Kiefer, Weißtanne, auch Baumstümpfe, die mit Wurzelfräse bis unter die Erdoberfläche reduziert wurden
Beimpfung	Impfdübel oder Körnerbrut für die im Boden erreichbaren Stubbenteile und Seitenwurzeln
Durchwachsphase	Schattieren oberirdischer Stubben Tiefere Stubben abdecken mit Schreddergut des gerodeten Baumes (wenn ohne Pilzbefall) oder mit Erde
Ernte, Ertrag	1. Ernte evtl. erst nach 2 Jahren Fruchtkörperbildung bei 15–25 °C in mehreren Wellen vom Frühsommer bis in den Herbst Ernte fachkundig prüfen, um Verwechslungen auszuschließen

Nameko

Wissenschaftlicher Name: *Pholiota nameko*
Synonym: Chinesisches bzw. Japanisches Stockschwämmchen, Toskanapilz, Goldkäppchen
Internationale Bezeichnung: Nameko, Tuscany mushroom

In Japan und China wird der holzbesiedelnde Nameko heutzutage auf Substraten angebaut. Er ist dort ein beliebter Speisepilz. Obwohl er in Europa nicht heimisch ist, wird er auch als Toskanapilz bezeichnet.

Aussehen

Seine orangen bis braunen manchmal gefleckten Hüte erreichen einen Durchmesser von 10 cm. Sie können eine schleimige und dadurch glänzende Oberfläche haben und wachsen in dichten Büscheln. Der Stiel ist kräftig und etwa 5–8 cm lang. Er ist zum Hut hin gelblich bis hellocker gefärbt und unterhalb eines bräunlichen Ringes bräunlich geschuppt. Die Lamellen sind gelblich-braun bis ockerbraun. Die Sporen sind zimtbraun. Das weißliche Fleisch ist im Geruch leicht mehlartig und vom Geschmack her etwas nussig.

Geschichte

Um den Pilz gezielt anzubauen, wurde in Japan bis in die erste Hälfte des 20. Jahrhunderts eine interessante Methode mit in Wasser gelösten Sporen angewandt. Dazu legte man vom Nameko befallene Holzstämme in Wasser. Anschließend wurden frische Holzstämme mit dem Wasser, was nun Sporen enthielt, befeuchtet.

Abb. 99 Nameko im Schneckenzaun.

1931 wurden in Pilzfarmen erstmals Sägespäne als Substrat verwendet, in den 1960er-Jahren wurden diese Substrate weiterentwickelt durch Zugabe von Weizenkleie.

Anbau im Garten

Für den Namekoanbau wird heute Körnerbrut oder auch Brut auf Basis von Holzspänen und Impfdübeln angeboten. Nameko-Pilze wachsen bei Temperaturen von 10–18 °C, eine herbstliche Temperaturabsenkung löst meist die Fruchtung aus, auch hohe Luftfeuchtigkeit ist dafür erforderlich.

Interessant ist, dass der Nameko auch auf liegenden halb eingegrabenen Laubholzstämmen kultiviert werden kann. Über den Anbau auf Baumstümpfen im Erdreich liegen keine praktischen Erfahrungen vor.

Anbau im Haus

Im Haus kann Nameko auf Fertigkulturen entsprechend der vom Lieferanten mitgelieferten Kulturanleitung angebaut werden. Meist sind 2–3 Erntewellen möglich. Eine nichtsterile Herstellung eigener Substrate ist wenig erfolgversprechend.

Verwendung, Lagerung, Konservierung

Verwendet werden Hüte und Stiele, traditionell für aromatische asiatische Suppen. Die Pilze halten sich im Kühlschrank 4–6 Tage.

Übersicht Namekoanbau auf Holz	
Zeitpunkt der Anlage	Bester Zeitpunkt ist im zeitigen Frühjahr, jedoch ganzjährig möglich, wenn frisches Holz verfügbar ist (z. B. Windbruch nach Herbststurm)
Holzarten	Rotbuche, Pappel, Eiche, Birke, Weide, Obstgehölze
Empfohlene Holzmaße und Beimpfung	Stammabschnitte (Länge ca. 35–50 cm, Durchmesser 20–25 cm): 20–25 Impfdübel für 1 Holz 1 l Pilzbrut für 5–6 Hölzer, Bohrlochmethode oder Schnittimpfung
Durchwachsphase	Einmieten günstig bei Temperaturen um 20 °C Nach 3–4 Monaten ausmieten und aufrecht oder liegend halb eingraben
Ernte	Fruchtung meist im Frühherbst bei 10–18 °C

Glänzender Lackporling

Wissenschaftlicher Name: *Ganoderma lucidum*
Synonym: Reishi
Internationale Bezeichnung: Ling Zhi (chinesisch), Reishi (japanisch)

Der Glänzende Lackporling ist ein Holzzersetzer, der in Mitteleuropa überwiegend an Laubbäumen wächst. Er ist kein Speisepilz. Auch in Asien kommt er vor und wird dort als Heilpilz sehr geschätzt und in der Traditionellen Chinesischen Medizin verwendet. Der chinesische Name Ling Zhi bedeutet „Geist-Pflanze". Er trägt auch den Namen „Pilz der Unsterblichkeit" und „Kraut spiritueller Kraft". In Asien und in chinesischen Einwanderervierteln weltweit (Chinatown) finden sich in Apotheken manchmal riesige getrocknete Exemplare.

Die gewerbliche Produktion des Lackporlings findet überwiegend auf Substraten und in Flaschen statt, weniger auf Stämmen. Die Hauptanbaugebiete sind in China.

Aussehen

Der Glänzende Lackporling entwickelt sehr feste korkartige Fruchtkörper. Diese werden etwa 1–3 cm dick und sind mit einer gelblichen, später rötlich (auch rötlichbraun bis rötlichschwarz) nachdunkelnden Harzschicht bedeckt. Der Rand des Pilzes, die Wachstumszone, ist gelb bis weiß. Die Unterseite besteht aus einer weißlichen Porenschicht. Der Stiel ist rotbraun bis fast schwarz. Die Fruchtköper von Lackporlingen können fast skurril aussehen. Manche bilden lange geweihartige Fruchtkörper aus, andere wiederum breiten sich tellerartig aus.

Anbau im Garten

Er lässt sich mit den beschriebenen Methoden auf Holzstämmen im Garten anbauen, aber es ist eher ein Pilz für Fortgeschrittene. Erfolge sind vor allem auf Buchenstämmen nachgewiesen. Manche Anbauer empfehlen nach der Durchwachsphase eine geschützte Kultivierung in einem Folientunnel mit hoher Luftfeuchte. Die Stämme sollen nur ein wenig aus dem Boden herausschauen. Zu diesem Zweck reicht eine Länge von 30–40 cm pro Stamm. Auch eine Art Topfkultur wird beschrieben.

Abb. 100 Gänzender Lackporling (Reishi).

Abb. 101 Reishi in dekorierten Glasflaschen in Penang, Malaysia.

Anbau im Haus

Im Haus können Sie eine Fertigkultur nach Lieferantenanleitung aufstellen. Die Pilze sind so hart, dass sie mit einer Rosenschere abgeschnitten werden müssen. Sie sollten unbedingt vor dem Aussporen der braunen Sporen geerntet werden. Interessant ist, dass an den Schnittstellen wieder Fruchtkörper nachwachsen können.

Verwendung, Lagerung, Konservierung

Der Pilz ist kein Speisepilz. Da seine festen Fruchtkörper bei Trocknung ihre Farbe und den schönen Glanz behalten, sind sie für dekorative Zwecke geeignet.

Eine Heilanwendung von selbst geernteten und getrockneten Fruchtkörpern ist nur bedingt zu empfehlen: Ähnlich wie bei Heilkräutern können Inhaltsstoffe stark schwanken, darüber hinaus haben auch Erntezeitpunkt und Trocknung Einfluss auf die Inhaltstoffe.

Klapperschwamm

Wissenschaftlicher Name: *Grifola frondosa*
Synonym: Maitake, Laubporling, Spatelhütiger Porling
Internationale Bezeichnung: Maitake (japanisch)

Ein weiterer holzzersetzender Pilz, der hier erwähnt werden sollte, ist der auch in Mitteleuropa heimische Klapperschwamm. Er wächst gern am Fuß alter Eichen, aber auch anderer Laubbäume. In China und Japan ist er ebenso beheimatet und wird dort seit 3000 v. Chr. gesammelt und gegessen. Um die Nachfrage nach diesem guten und wohl auch sehr gesunden Pilz zu decken, wird er in China und Japan angebaut, dort seit den 1980er-Jahren mit stark steigender Tendenz. Bei uns ist er getrocknet im Handel zu finden. Darüber hinaus wird er von europäischen Pilzfarmen auf Substraten gelegentlich angebaut, um ihn als Frischpilz anzubieten.

Aussehen

Die Fruchtkörper erscheinen in dichten, horstigen blau-grauen Büscheln, wild meist am Fuß von Bäumen. Sie können einen Durchmesser von über 50 cm und ein Gewicht von 5–10 kg erreichen. Ein kräftiger Stiel verzweigt sich in viele dünnere Äste, die zu abgeflachten, sich übereinanderschiebenden spatelförmigen Hüten übergehen. Diese Hutlappen sind 2–6 cm, manchmal auch bis zu 12 cm breit. Auf der Unterseite befinden sich runde, weiße Poren. Das Sporenpulver ist weiß.

Anbau im Garten

Es gibt Pilzbrutlieferanten, die Brut vom Klapperschwamm für den Anbau auf Holzstämmen im Garten anbieten. Darüber hinaus gelingt der gewerbliche Anbau auf Substraten. Wenn Sie bereits Erfahrungen mit dem Anbau anspruchsvoller Pilze haben, gern experimentieren und sich von Rückschlägen nicht entmutigen lassen, könnten sich Anbauversuche vielleicht auszahlen. Es ist sicher auch hilfreich, sich mit anderen Pilzanbauern oder Brutlieferanten auszutauschen und mögliche Entwicklungen zu beobachten.

Abb. 102 Klapperschwamm (Maitake).

Herber Zwergknäueling

Wissenschaftlicher Name: *Panellus stipticus*
Synonym: Leuchtpilz, Bitterer Muschelseitling, Bitterscharfer Zwergknäueling
Internationale Bezeichnung: Bitter Oyster, Astringent Panus, Luminescent Panellus

Die Bezeichnung Leuchtpilz verrät schon etwas über den auch in Europa vorkommenden Holzzersetzer Herber Zwergknäueling. Leider ist jedoch nur ein amerikanischer Stamm dieser Art fähig zur Biolumineszenz, sowohl Myzel als auch Fruchtkörper leuchten im Dunkeln. Der Herbe Zwergknäueling besiedelt Stämme, Stümpfe und liegende Äste und verursacht dort eine Braunfäule. Er bevorzugt Eichen und Rotbuche, kann aber auch an anderen Laubhölzern auftreten. Er ist kein Speisepilz, wird aber als Gestaltungselement genutzt.

Die Fruchtkörper und auch das Myzel leuchten grünlich. Dieses Licht lockt Insekten an. Sie transportieren dann bei ihrem Weiterflug Sporen, die an ihnen haften geblieben sind. Der Pilz kann sich so ausbreiten.

Aussehen

Der Herbe Zwergknäueling bildet fächer- bis nierenförmige Fruchtkörper von etwa 1,5–4 cm Breite, die kurz gestielt und dachziegelartig dicht zusammenstehen. Die Oberseite ist ocker bis zimtbräunlich. Der Rand junger Fruchtkörper ist eingerollt, bei älteren Exemplaren wellig und etwas gekerbt. Die zimtbraunen Lamellen sind scharf vom Stiel abgesetzt. Das Sporenpulver ist weiß. Die Fruchtkörper erscheinen das ganze Jahr über.

Anbau im Garten

Die Pilzbrut für diesen Pilz ist recht neu auf dem Markt. Zu beachten ist auch, dass nur der amerikanische genetische Stamm leuchtet. Fragen Sie den Lieferanten.

Der Leuchtpilz kann auf Buche, Birke und Eichenstämmen kultiviert werden. Die Beimpfung erfolgt mithilfe von Impfdübeln oder Pilzbrut auf Stämmen von 20–25 cm Durchmesser. Sie können diese Hölzer als Gestaltungselement im Garten einsetzen, am besten gut sichtbar im Bereich von Sitzplätzen, die Sie gern abends nutzen.

Abb. 103 Der Herbe Zwergknäueling ist kein Speisepilz. Die Fruchtkörper können aber im Dunklen leuchten.

Pilze auf Kompost

Austernpilze wachsen in der Natur an Bäumen, die sogenannten Kompostpilze dagegen auf Erde, Kompost, Laub- und Nadelstreu. Zu den Kompostpilzen zählen Champignons, Schopftintlinge, Ritterlinge und Parasolpilze. Sie können sie sammeln oder auch selbst anbauen.

Abb. 104 Braune Champignons.

Für den Champignon gibt es handliche Fertigkulturen in Kisten, auch Zuchtboxen genannt, die dem Pilz genau das richtige Gemisch aus Nährstoffen zur Verfügung stellen. Im Anschluss an den Umgang mit diesen „Hobbykulturen" (Seite 116) erfahren Sie, wie Champignonsubstrat in größerem Umfang hergestellt werden kann, obwohl das nichts für Städter und Kleingärtner ist. Das recht ausführliche Kapitel „Anbau im Garten – für Fortgeschrittene" ist jedoch wissenswert für Permakulturprojektler, die an Kreislaufwirtschaft interessiert sind, oder Menschen, die viel Platz haben und vielleicht sogar Pferdezucht betreiben, denn das Substrat besteht u. a. aus Pferdemist.

In diesem Kapitel erhalten Sie auch einen Überblick über die Anbaumöglichkeiten von Parasolpilzen, Ritterlingen und Schopftintlingen. Diese Pilze ernähren sich so wie der Champignon aus bereits zersetztem Material. Da es wesentliche Unterschiede zum Anbau vom Champignon gibt, ist ihnen jeweils ein eigenes Porträt gewidmet.

Gute Erfolge hat man mit Schopftintlingkulturen, die in den Gartenboden eingesetzt werden. Der Anbau von Parasolpilz und insbesondere dem Rötelritterling im Garten ist jedoch eher als Experiment zu betrachten. Faktoren wie Nährstoffzusammensetzung des Bodens, (Kleinst-)Lebewesen und deren Zusammenspiel im Boden, Feuchte und Witterung sind nicht oder kaum steuerbar. Es gehört also auch eine Portion Glück dazu.

Abb. 105 Anbau in Stellagen auf einer Champignonfarm.

Tipps für Einsteiger

Aufgrund der Schwierigkeit, eigene Champignonsubstrate herzustellen, ist eine Fertigkultur die einfachste Möglichkeit, diesen Pilz selbst anzubauen. Das können Sie im Haus machen, müssen aber für erhöhte Luftfeuchtigkeit sorgen. Wenn Sie die einzelnen Champignons etwas größer wachsen lassen, können Sie diese als Gericht auch gefüllt zubereiten. Ernten Sie diese jedoch spätestens, wenn der Hut noch leicht eingerollt oder waagerecht ist.

Champignon

Wissenschaftlicher Name: *Agaricus bisporus*
Synonym: *Agaricus bisporus*: Zuchtchampignon, Weißer Champignon, Kulturchampignon
Agaricus bisporus var. *hortensis:* Brauner Champignon, Brauner Egerling, Steinchampignon
Internationale Bezeichnung: Brown button mushroom, Champignon de Paris

Der Champignon ist weltweit der am meisten angebaute Pilz. Seine nicht immer essbaren Verwandten kommen bei uns auch in der freien Natur vor und wachsen auf fetten Böden, am Waldrand, in Gärten, gelegentlich auf verrottetem Pferdemist. Für den Champignonanbau wurden bisher mindestens 50 Kultursorten gezüchtet. Es gibt Sorten mit weißen, gelblichen, cremefarbigen oder braunen Hüten. Besonders große, offene Exemplare werden auch als Portobello bezeichnet.

Aussehen

Weiße Champignons: Die Hüte der weißen oder gelblichen Kultursorten erreichen einen Durchmesser von 5–10 cm. Die Oberfläche des Hutes ist glatt, gelegentlich leicht schuppig. Bei jungen Fruchtkörpern trägt der Rand des Hutes eine flockige und gezähnte Membran. Stiel und Hutrand sind durch ein weißes Häutchen verbunden, das mit der Reife zerreißt. Die Lamellen sind bei ganz jungen Pilzen noch weiß, färben sich dann rosa und später, ebenso wie die mikroskopisch kleinen Sporen, braun. Der weiße, glatte beringte Stiel kann 1–2 cm dick und 3–6 cm lang werden. Das feste Fleisch des Champignons ist weiß und riecht angenehm aromatisch. Es kann auch roh verzehrt werden und schmeckt nussartig.

Tipp

Obwohl der Champignon sicherlich der bei Verbrauchern bekannteste Pilz ist, ist er ein anspruchsvoller Pilz und auch die Fertigkulturen (Seite 116) sind wegen der Durchwachsphase und den Temperaturansprüchen etwas umständlich. Auch kann das Substrat schon in der Durchwachsphase von kleinen Fliegen und Bakterien besiedelt werden, was sich ungünstig auf den Ertrag auswirkt. Um die Ernte einzuleiten, müssen Sie außerdem für eine Temperaturabsenkung sorgen. So ist das Sommerhalbjahr nicht unbedingt die beste Jahreszeit, um eine Champignonkultur anzusetzen.

Braune Champignons: Die Hüte des Braunen Champignons sind hell- bis dunkelbraun gefärbt und erreichen einen Durchmesser von

Abb. 106 Der weiße Kulturchampignon (*Agaricus bisporus*) wird wohl am häufigsten kultiviert.

Abb. 107 Der Braune Champignon, gewerblicher Anbau.

3–8 cm. Die Oberfläche ist glatt oder leicht schuppig. Die Lamellen sind bei jungen Pilzen fleischrosa und werden später dunkelbraun. Die Stiele sind stets weiß, ebenso wie das Fleisch des Hutes. Es schmeckt vielleicht noch eine Idee aromatischer als das der weißen Kultursorten.

Geschichte

Schon die römischen Patrizier schätzten den Champignon als Leckerbissen. Kaiser Nero nannte ihn recht zweideutig eine „Götterspeise“: Schließlich hatte ihm seine Mutter Agrippina zum Thron verholfen, indem sie Kaiser Claudius mit einem Pilzgericht vergiftete. Römische Legionäre überzeugten dann die Gallier von der Schmackhaftigkeit des Champignons.

In Frankreich schlug um 1630 die Geburtsstunde des heutigen Champignonanbaus. Damals zogen Gärtner in und um Paris für Adel und Königshaus auf Mistbeeten Melonen heran. Auf den Beeten und besonders dort, wo sich der Dünger mit Erde vermischte, wuchsen immer wieder Champignons. Bald hatten die findigen Gärtner einen Weg zum Anbau der Champignons entdeckt. Sie „impften“ ihre Beete, indem sie das Waschwasser von Champignons darüber gossen. Darin befanden sich nicht nur Sporen, sondern auch Myzel und Pilzstücke.

Ludwig XIV. (1638–1715) schätzte den Champignon sehr. Von seiner Tafel ging der Pilz auch in die europäische Küche über. Bis zum Ende des 18. Jahrhunderts wurden nun die Champignons auf Bodenbeeten im Freien gezogen. Dann entdeckte man, dass diese Pilze ganz ohne Licht wachsen und gedeihen können. So wurden ab 1810 in den zahlreichen Kellern, Höhlen und Stollen in und um Paris auf Hügelbeeten schon beachtliche Mengen des „Champignon de Paris“ kultiviert. Die Kenntnisse über den Anbau verbreiteten sich nach und nach in viele Länder.

Mitte des 19. Jahrhunderts zog man in Deutschland Champignons bereits auf Stellagen in speziellen Kulturhäusern. Im Winter wurden diese beheizt, dadurch war eine ganzjährige Produktion möglich. Auch die Impfmethode hatte sich inzwischen weiterentwickelt. Man verstand sich bereits darauf, Champignonsporen zum Keimen zu bringen und beimpfte mit dem so gewonnenen Myzel sogenannte „Brutsteine“. Diese bestanden aus einer Mischung von Pferdemist, Rindermist und Lauberde. Aus den durchwachsenen Brutsteinen wurden dann walnussgroße Stücke gebrochen und zum Impfen verwendet.

Anfang des 20. Jahrhunderts befasste sich die Wissenschaft intensiv mit dem Champignonanbau. In den 30er-Jahren wurde die auch heute noch gebräuchliche Körnerbrut erstmals hergestellt und die Kenntnisse über die optimalen Kulturbedingungen nahmen gewaltig zu. Heute kultivieren Spezialbetriebe Champignons in klimatisierten Räumen. Wer den großen Aufwand nicht scheut, kann den Champignon in Haus und Garten nach den Methoden anbauen, die nachfolgend mit „Für Fortgeschrittene“ gekennzeichnet sind. Zunächst folgt aber eine einfache Hobbyanbauart.

Anbau im Haus

Anbau mit Fertigkulturen

Ähnlich den Fertigkulturen für Holz- und Strohbewohner gibt es auch für Champignons Fertigkulturen, sog. Zuchtboxen, die Sie im Haus kultivieren können. Das hier vorgestellte, recht gängige Produkt wird manchmal sogar als Aktionsware im Gartencenter oder Baumarkt angeboten. Diese Kulturen bestehen üblicherweise aus einem Folienbeutel mit Champignonsubstrat in einem festen Karton. Das Substrat ist schon von Myzel durchwachsen. Weil Champignons für die Fruchtkörperbildung eine Deckschicht benötigen, gehört auch ein Beutel mit

Abb. 108 Deckerde auf Champignonsubstrat auftragen.

Abb. 109 Das Myzel des Kulturchampignons ist durch die Deckerde gewachsen.

Abb. 110 Fruchtkörperbildung, verkratztes Myzel erkennbar.

Abb. 111 Erntereife braune Champignons, Ernte etwa 400 g.

einem Torfgemisch oder einer Art Kompost als sogenannte Deckerde dazu.

Das Substrat soll bei Öffnen angenehm pilzig riechen. Falls es zu dem Zeitpunkt schon von Trauermücken befallen ist, sollten Sie die Kultur unverzüglich reklamieren.

Auftragen der Deckerde und Besiedlungsphase: Als erstes öffnen Sie den Folienbeutel mit dem Substrat, was im Karton verbleibt. Es ist sehr faserig und soll weißlich mit Pilzmyzel durchwachsen sein. Dieses Substrat wird nun mit der dunklen Dec≠kerde abgedeckt. Praktisch ist es, wenn der Substratbeutel groß genug ist. Dann können Sie ihn anschließend für die Dauer der nun einsetzenden Besiedlungsphase über das ganze Substrat zum Schutz vor Austrocknung falten. In dieser Phase wächst das Pilzmyzel durch die Deckerde. Dafür benötigt die Kultur etwa 10–20 Tage bei einer Temperatur von etwa 18–24 °C.

Einleitung der Erntephase: Wenn das Pilzmyzel schließlich an der Oberfläche fein weiß erscheint, öffnen Sie den Folienbeutel wieder. Durch eine Absenkung der Temperatur auf 15–18° und Erhöhung der Sauerstoffzufuhr (Karton nicht auf den Boden stellen, CO_2-Gehalt ist unten höher) wird die Fruchtkörperbildung eingeleitet. Ein Ankratzen der Oberfläche mit einer Gabel oder einem Messer fördert diese ebenfalls (Abb. 110 auf Seite 116).

Nach weiteren 5–15 Tagen bilden sich nun viele Primordien, von denen sich ein Großteil (nicht alle) zu Fruchtkörpern auswächst. Champignons sind ähnlich wie Shiitake erntereif, wenn sich die Huthaut an der Unterseite des Hutrandes löst. Dann drehen oder schneiden Sie die Pilze vorsichtig aus dem Substrat heraus, möglichst ohne dass sich viel Substrat löst.

Den Reifegrad zu erkennen ist etwas schwieriger, denn wenn das Substrat in einem Karton mit hohem Rand steckt, können Sie kaum unter die Hüte schauen. Wichtige Details zur Pflege der Kultur wie Wasserzufuhr für weitere Erntewellen sollten in der beigelegten Herstelleranleitung erwähnt sein.

> **Tipp**
>
> Der Champignon wird als Frischpilz im Supermarkt im Vergleich zu anderen Pilzen recht günstig angeboten. Vergleichen Sie deshalb auch das Preis-Leistungs-Verhältnis von Hobby-Champignon-Kulturen mit anderen Fertigkulturen. Oft werden Fertigkulturen für teurere Pilzarten zu einem ähnlichen Preis wie die Champignonkisten angeboten.

Anbau im Garten – für Fortgeschrittene

Schon im 17. Jahrhundert wurden Champignons im Freien ähnlich wie Gurken und Melonen auf Hügelbeeten gezogen. Auch heute können Champignons im Garten nach einem nur wenig abgewandelten Verfahren angebaut werden. Ideal sind feuchte schattige Standorte. Sie können Ihre Kultur unter Bäumen und Hecken oder an der Nordwand von Gebäuden anlegen. Es ist empfehlenswert, die Freilandkulturen durch ein einfaches Schutzdach vor Dauerregen zu schützen.

Champignonbrut wird üblicherweise als Körnerbrut angeboten. Am besten wählen Sie Brut vom Braunen Egerling aus, denn der ist am erfolgversprechendsten. Zum Anwachsen sind 20–24 °C ideal, während der Erntephase aber nur 16–18 °C. In den heißen Sommermonaten werden also keine Fruchtkörper gebildet. Deswegen legt man Freiland-Champignon-Kulturen am besten nur von April bis Mai oder Ende August bis September an. Die Ernte läuft bis Mitte November, dann werden die Beete abgeräumt.

Champignonsubstrat selbst herstellen

Wer den Champignonanbau von A bis Z durchführen und Substrat selbst herstellen will, bekommt hier ausführliche Angaben. Neben der Brut ist der wichtigste Grundstoff für Champignonsubstrat auch weiterhin der Pferdemist. Er sollte so frisch wie möglich, jedenfalls nicht älter als 4 Wochen sein (Skizze 10 auf Seite 118).

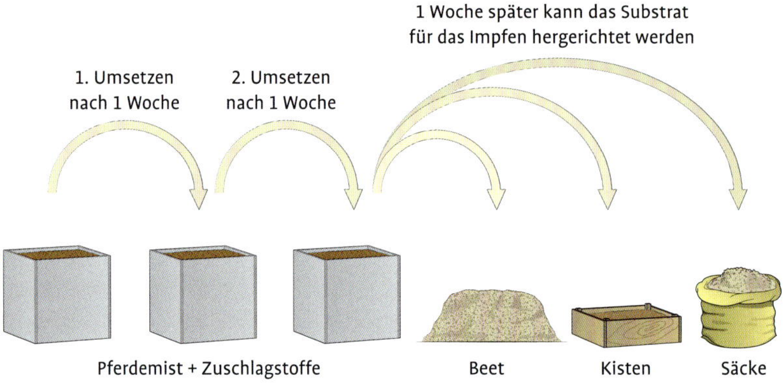

Skizze 10 Herstellung des Champignonsubstrats.

Allerdings enthält der Pferdemist allein zu wenig Stickstoff, um eine wirklich gute Champignonernte hervorzubringen. Deswegen wird ihm Hühnerkot, Stickstoffdünger oder Ähnliches zugesetzt. Für den Hobbygärtner empfiehlt sich folgendes Rezept: Mischen Sie unter den Pferdemist ungefähr 10 Gewichtsprozente (Gew.-%) getrockneten Hühnerkot. Schon der eigenen Nase zuliebe sollten Sie nur wirklich getrockneten Kot verwenden; außerdem lässt er sich gleichmäßiger beimischen.

Ist kein Hühnerkot erhältlich, nehmen Sie stattdessen etwa 7 Gew.-% Ammoniumsulfat, das im Landhandel zu bekommen ist. Die darin enthaltene Schwefelsäure muss aber durch Zugabe von Futterkalk gebunden werden. Sie brauchen je m^3 Substrat etwa 3 kg Kalk. Außerdem sollte generell je m^3 auch 10 kg Gips zugemischt werden, der sich auf Säuregrad und Struktur der Nährgrundlage positiv auswirkt.

Damit die Fermentation des Pferdemistes ordentlich in Gang kommt, müssen Sie aber mindestens einen Haufen von 1,5 m^3 aufsetzen. Er soll während der Fermentation nicht in der prallen Sonne stehen, beispielsweise an einem schattigen Platz im Garten. Ideal wäre eine betonierte Fläche. Sie können den Haufen aber auch auf einem großen Stück Plastikfolie anlegen. Günstig ist ein Wasseranschluss in der Nähe, da die einzelnen Schichten jeweils gründlich befeuchtet werden müssen.

Der kleinstmögliche Haufen hat Maße von etwa 1 x 1 x 1,5 m. Dafür benötigen Sie ungefähr 600 kg Pferdemist, 60 kg getrockneten Hühnerkot (ersatzweise 42 kg Ammoniumsulfat und 4,5 kg Kalk) und 15 kg Gips.

Ein größerer Haufen mit den Maßen 1 x 1,5 x 1,5 m (2,25 m^3) wiegt etwa 1 t. Dafür benötigen Sie ungefähr 900 kg Pferdemist, 90 kg getrockneten Hühnerkot (ersatzweise 63 kg Ammoniumsulfat und 7 kg Kalk) und 22,5 kg Gips.

Schichtung, Umsetzen: Der frische Pferdemist wird zunächst einmal mit der Gabel aufgeschüttelt, die Zuschlagstoffe zugegeben und gründlich durchgemischt. Die erste Lage soll nun rund 1 m breit und etwa 30 cm hoch aufgeschichtet werden. Die Länge des Haufens richtet sich nach der vorhandenen Dungmenge, sie sollte aber mindestens 1 m betragen. Die erste Lage wird nun leicht mit Wasser überbraust. Darauf kommt die nächste Lage in gleicher Stärke, die, wie die folgenden, ebenfalls befeuchtet wird. Sobald aber Wasser unten aus dem Haufen herausfließt, sollten Sie sofort mit dem Gießen aufhören, weil sonst zu viele Nährstoffe ausgeschwemmt werden können. Die dritte Lage treten Sie am besten fest, dadurch kommt die Fermentation schneller in Gang. Nachdem der Haufen etwa 1,5 m Höhe erreicht hat, sollten Sie auch die letzte Lage noch einmal niedertreten und dazu die Seiten des Haufens mit der Mistgabel festklopfen.

Abb. 112 Champignon-Substrat-Herstellung: maschinelle Umsetzung.

In den nächsten Tagen setzt die Fermentation ein und im Innern des Haufens steigt die Temperatur bis auf etwa 80 °C an. Dafür sorgen vor allem im Dung enthaltene Kleinlebewesen, die einzelne Bestandteile des Substrates abbauen und dabei Wärme freisetzen. Andere Stoffe wiederum werden soweit umgewandelt, dass sie vom Champignonmyzel als Nährstoffquelle genutzt werden können. Daneben laufen auch biochemische Reaktionen ab.

Damit die Fermentation der Dungmischung aber ordentlich abläuft, müssen nicht nur Temperatur und Feuchtigkeit im Haufen stimmen. Die Kleinlebewesen brauchen für ihre Tätigkeit auch genügend Sauerstoff. Deswegen muss der Haufen nach etwa 1 Woche erstmals umgesetzt werden. Sie reißen ihn auseinander, lockern das Substrat und setzen einen neuen Haufen auf. Dabei sollten nun die vorher außen liegenden Schichten möglichst ins Innere kommen. Auch beim zweiten Aufsetzen wird jede Lage gewässert und der Haufen festgetreten.

In der frisch durchlüfteten Dungmischung setzt nun erneut die Fermentation ein. Nach einer weiteren Woche muss sie ein zweites Mal umgesetzt werden. Sie nehmen Sie auseinander, mischen das Substrat gut durch und befeuchten nur noch die trocken gebrannten Stellen. Dann wird zum dritten Mal ein Haufen aufgeschichtet.

Nach wiederum etwa 1 Woche ist die Fermentation in der Regel beendet. Das fertige Champignonsubstrat ist dunkelbraun, riecht angenehm süßlich und das darin enthaltene Stroh ist mürbe geworden. Falls das Substrat aber noch stechend nach Ammoniak riechen sollte, muss noch weiter fermentiert werden, denn Ammoniak beeinflusst das Myzelwachstum des Champignons ungünstig.

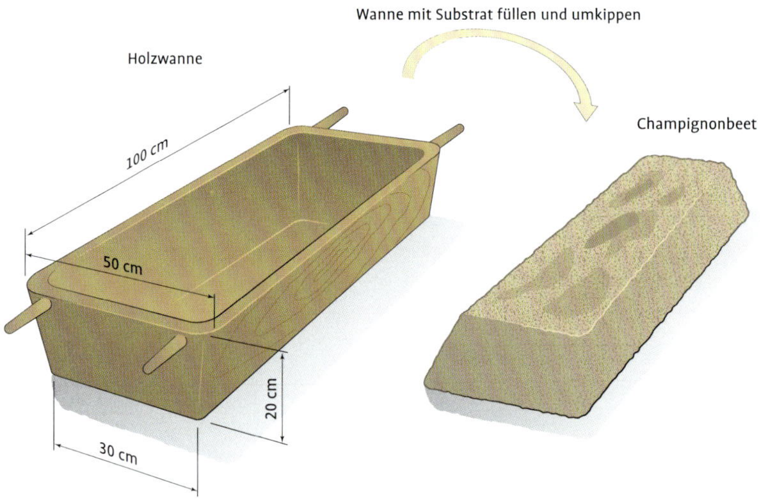

Skizze 11 Holzwanne zur Herstellung von Champignonbeeten.

Sobald der Ammoniakgeruch verschwunden ist, können Sie das Substrat zum Impfen vorbereiten. Erwerbsanbauer pasteurisieren das Substrat nach der Fermentation noch in speziell ausgestatteten Räumen, was in der gewerblichen Champignonzucht als Phase II bezeichnet wird. Dadurch kann ein höherer Ertrag erzielt werden.

Ausbringen des Substrates: Im Freiland können nun mit dem fertigen Substrat etwa 80 cm breite Bodenbeete angelegt werden. Früher verwendete man häufig Holzwannen, um möglichst gleichmäßige Hügelbeete aufzuschichten: Die Wannen waren unten 20 cm breit und weiteten sich nach oben, wo sie 40–50 cm maßen. Die Tiefe betrug 20–30 cm, die Länge etwa 1 m. An den Enden der Wanne waren jeweils Tragegriffe angebracht. Man füllte die Wanne mit Substrat, trug es an den endgültigen Standort für die Champignonkultur und kippte es dort auf die Erde. Auf diese Weise wurden oft lange Beetreihen angelegt, bis zu drei von ihnen lagen direkt nebeneinander, dann wurde ein 50 cm breiter Pflückgang freigelassen (Skizze 11 auf Seite 120).

Auch die Nordseite von vorhandenen Spargelbeeten kann mit Substrat bedeckt werden und selbst für mit Substrat gefüllte Kisten oder Plastiksäcke findet sich im Garten oft ein geeigneter Platz. Die Substratschicht muss aber jeweils mindestens 20 cm hoch zu liegen kommen.

Verwenden Sie Holzkisten, sollten diese möglichst unbehandelt sein. Bitte nutzen Sie keinesfalls Kisten, die mit Holzschutzmittel behandelt sind. Die Pilze könnten solche Schadstoffe aufnehmen.

Alternativ können Plastiksäcke mit breitem Boden verwendet werden. Die Substratblöcke sollten darin einen Durchmesser von 30–40 cm erreichen und ebenfalls mindestens 20 cm hoch werden. Aber auch große Säcke ohne breiten Boden sind zur Kultur geeignet. Dazu füllen Sie diese mit Substrat und legen sie mit der flachen Seite auf den Boden. Nach Abschluss der Anwachsphase wird die Folie so aufgeschnitten, dass die Oberfläche des Substrats freiliegt (Skizze 12 auf Seite 121).

Beimpfung: Haben Sie das Substrat nun in Beete, Kisten oder Säcke ausgebracht, soll es erst einmal einige Tage ruhen. Dann wird mit einem Thermometer die Temperatur im Inneren des Substrates kontrolliert. Erst wenn sie dort unter 25 °C gesunken ist, dürfen Sie mit Brut des Kulturchampignons impfen.

Auch Champignon-Pilzbrut ist nur begrenzt lagerfähig. Vorsichtshalber sollten Sie vor allem zur wärmeren Jahreszeit die Brut erst kurz vor

Skizze 12 Champignonkultur in Foliensäcken.

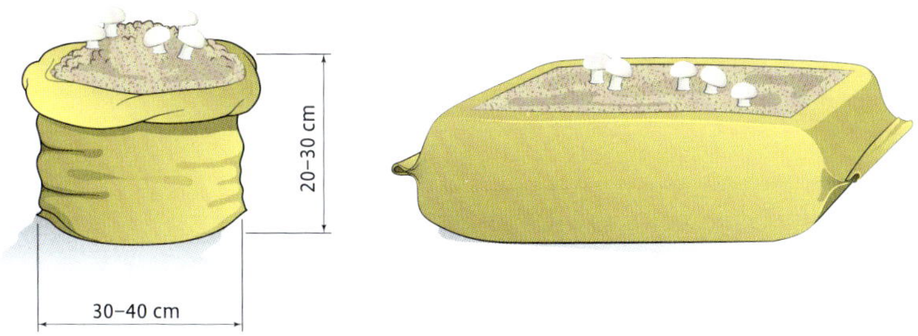

dem Impfen liefern lassen und sofort verwenden – nicht ohne vorher die Qualität überprüft zu haben.

Pro m^2 Beetfläche brauchen Sie 500–1000 g bzw. 0,75–1,5 l Brut. Je mehr Brut verwendet wird, desto schneller durchwächst das Champignonmyzel das Substrat. Schaderreger haben dadurch weniger Chancen, sich in der Nährgrundlage auszubreiten. Bei der Sackkultur wird mindestens 1 Gew.-% Brut untergemischt. Wichtig ist jeweils, die Brut sehr gleichmäßig im Substrat zu verteilen, damit sie dieses möglichst rasch durchspinnen kann. Bei der Beetkultur wird die Brut in die oberen 5 cm des Substrats eingeharkt.

Anwachsphase: Am schnellsten wächst das Myzel, wenn im Substrat Temperaturen von 20–24 °C und eine hohe relative Luftfeuchtigkeit herrschen. Auch der Luftaustausch muss gewährleistet sein. Bei idealen Bedingungen ist das Substrat in 2–3 Wochen vom Myzel durchwachsen. Doch gerade beim Anbau in Beeten im Garten können Sie die Außentemperaturen kaum beeinflussen. Ist es kühler, wird die Anwachsphase entsprechend länger dauern.

Eine optimale Luftfeuchtigkeit lässt sich mit einfachen Mitteln erreichen: So werden Kisten und Beete mit gelochter Plastikfolie, Zeitungspapier, Jutesäcken oder Strohmatten abgedeckt. Die letzten drei Materialien müssen regelmäßig befeuchtet werden. Plastiksäcke binden Sie nach dem Beimpfen zu und bohren etwa ein Dutzend Luftlöcher in die Folie.

Das Substrat darf aber auch nicht zu heiß werden. Temperaturen um 35 °C überlebt das Myzel nur für einige Stunden. Sobald die Temperatur im Substrat 26 °C erreicht, sollten Sie für Kühlung sorgen, also Folienabdeckungen entfernen und Substratsäcke öffnen.

Aus dem gleichen Grund sollten Sie Freilandkulturen des Champignons besser nicht in den heißen Sommermonaten anlegen. In Foliensäcken ist die Substrattemperatur generell etwas höher. Deswegen eignen sie sich besonders für den Champignonanbau während der kühleren Jahreszeiten.

Sobald das Substrat gleichmäßig von weißem Myzel durchwachsen ist, wird bei Kisten und Beeten die Abdeckung entfernt, Foliensäcke werden geöffnet. Säcke mit breitem Boden bleiben weiter aufrecht stehen, man rollt die Folie aber bis zur Substratoberfläche auf. Bei flachen Säcken wird die Oberseite der Folie aufgeschnitten und entfernt.

Deckerde herstellen: Das Champignonsubstrat muss nun mit einer etwa 5 cm dicken feuchten Erdschicht abgedeckt werden. Ohne Deckerde würden kaum Champignons wachsen. Warum das so ist, konnte bis heute nicht eindeutig ergründet werden. Doch ist bekannt, welche Eigenschaften für diese Deckerde wichtig sind: Sie muss ein gutes Wasserhaltevermögen besitzen, gleichzeitig aber den Gasaustausch zwischen dem Substrat und der Raumluft gewährleisten. Der ideale pH-Wert liegt zwischen 6,5 und 7,5.

Der Hobbypilzanbauer kann sich aus einem Teil Gartenerde und einem Teil Torf selbst Deckerde mischen. Um einen geeigneten pH-Wert zu erreichen, muss oft kohlensaurer Kalk oder Kalkmergel zugegeben werden.

> **Tipp**
>
> Der pH-Wert einer Erde ist relativ einfach mit einem pH-Papier aus der Chemikalienhandlung zu messen: Geben Sie eine Handvoll der Deckerde in ein Glas und füllen mit destilliertem Wasser auf. Das Ganze wird kräftig umgeschüttelt und dann stehengelassen, bis sich die Erde wieder am Boden des Glases abgesetzt hat. Nun tauchen Sie ein Stück pH-Papier ins Wasser und vergleichen die Verfärbung des Papiers mit der beigefügten Farbskala. Ist der pH-Wert niedriger als 6,5, muss der Deckerde noch Kalk untergemischt werden. Liegt er über 7,5, geben Sie noch Torf zu.

Eine Mischung aus Lehm und Sand liefert ebenfalls eine brauchbare Deckerde. Sie besitzt in der Regel auch einen günstigen pH-Wert. Die Deckerde sollte aber unbedingt frei von Krankheiten und Schädlingen sein. Am sichersten ist dies gewährleistet, wenn Sie die Deckerde aus Torf herstellen. Geeignet sind sowohl Schwarz- als auch Weißtorf, allerdings nur ungedüngt. Um einen günstigen pH-Wert zu erreichen, müssen Sie noch etwa 5 Volumenprozent (Vol.-%) Kalkmergel untermischen. Die Deckerde sollte schon vor dem Aufbringen befeuchtet werden.

> **Tipp**
>
> **Die Handprobe**: Drücken Sie eine Handvoll Deckerde zusammen. Bildet sich dann ein Klumpen, ohne dass dabei allzu viele Tropfen austreten, so ist der Wassergehalt genau richtig.

Deckerde auftragen: Die Deckerde muss auch so gleichmäßig wie möglich aufgetragen werden, weil sonst die Champignons ungleichmäßig wachsen. Eventuell ist es nötig, vorher noch die Oberfläche des Substrats glattzudrücken. Die Deckerde darf nun nicht mehr austrocknen. Bei der Kultur im Garten decken Sie sie am besten mit Jutesäcken ab, die feucht gehalten werden. In geschlossenen Räumen genügt es meist, wenn Sie von Zeit zu Zeit mit der Handprobe den Wassergehalt der Deckerde feststellen und nötigenfalls gießen. Es sollte aber stets eine feinporige Brause verwendet werden, damit die Erde nicht verschlämmt.

Bei Temperaturen um 20 °C werden nach etwa 10 Tagen weiße Flecken auf der Oberfläche erscheinen: Das Myzel ist durch die Deckerde gewachsen (Abb. 109 auf Seite 116).

Mit einer Drahtbürste oder einem Rechen muss nun die ganze Deckerdeschicht „verkratzt“ werden (Abb. 110 auf Seite 116). Dabei zerreißt das Myzel und es verteilt sich gleichmäßiger in der Deckerde. Nach ein paar Tagen ist es wieder zusammengewachsen. Durch diese Maßnahme werden die Champignons in gleichmäßigeren Erntewellen heranwachsen. Spätestens 2 Tage nach dem Verkratzen muss die Abdeckung endgültig entfernt werden, die Kultur braucht nun viel Luft. Die Durchwachsphase ist jetzt abgeschlossen und Sie können Kisten und Säcke an ihren endgültigen Standort bringen.

Ernte, Ertrag: Etwa 3–4 Wochen nach dem Aufbringen der Deckerde werden die ersten Fruchtkörper gebildet, vorausgesetzt, es herrschen dafür geeignete Temperaturen. Beim Kulturchampignon sind dies nur noch 16–18 °C. Die Deckerde muss auch während der Erntephase feucht gehalten werden. Dicht unter der Oberfläche bilden sich an den weißen Myzelfäden bald kleine Knoten, aus denen sich im Laufe einiger Tage Fruchtkörper entwickeln. Nun vertragen aber kleine Champignons das Gießen schlecht, solange sie Erbsengröße noch nicht erreicht haben. Am besten überbrausen Sie deswegen die Deckerde gleich, wenn die Abdeckung entfernt wird. Sie darf so lange nicht austrocknen, bis die meisten Champignons die kritische Größe erreicht haben und wieder ohne Gefahr gegossen werden können. Zu diesem Zweck ist eine feinporige Brause geeignet.

Champignons sind erntereif, sobald das Häutchen an der Hutunterseite aufreißt. Drehen Sie nun die Pilze vorsichtig aus dem Substrat heraus. Champignons bilden ihre Fruchtkörper in mehreren Wellen, wovon die erste meist den höchsten Ertrag liefert. Nach jeder Erntewelle sollten Sie alle kleinen abgestorbenen und auch fleckigen Pilze entfernen.

Die Deckerde ist nach einer Erntewelle in der Regel zu trocken. Die Feuchtigkeit wurde von den Champignons aufgenommen, die bei der Ernte einen Wassergehalt von etwa 90 % aufweisen. Dieser Verlust muss nun ausgeglichen werden, indem Sie je Gramm geernteter Fruchtkörper 1 g Wasser nachgießen. Es sollte aber auf einmal nie mehr als 1 l/m² (bzw. ½ l je Sack) gegeben werden, damit die Deckerde nicht verschlämmt.

Nach etwa 6–7 Erntewellen wird der Ertrag so weit zurückgehen, dass es sich nicht mehr lohnt, die Champignonkultur weiterzuführen. Das abgeerntete Substrat ergibt aber noch einen guten Dünger für den Obst- oder Gemüsegarten. Wenn alles gut gelungen ist, kann mit insgesamt einem Ertrag von 10–15 % des Substratgewichts gerechnet werden.

Anbau auf zugekauftem Champignonsubstrat

Theoretisch ist es auch möglich, zugekauftes unbeimpftes Champignonsubstrat zu verwenden. Leider ist dieses jedoch in Kleinmengen heutzutage extrem schwer zu beziehen. Dieses hochwertige Fertigsubstrat wäre ideal für Hobbygärtner, die sich noch nicht zutrauen, selbst Substrat herzustellen, nur relativ kleine Mengen davon benötigen oder keinen geeigneten Ort für die Fermentation des Substrates haben.

Falls Sie doch eine Lieferquelle gefunden haben, können Sie von Fertigsubstrat, das in Spezialbetrieben auch der aufwendigen zweiten Phase der Fermentation unterzogen wurde, einen höheren Ertrag erwarten als vom Substrat Marke Eigenbau.

Anbau in Kulturräumen – für Fortgeschrittene

Es ist möglich, den Kulturchampignon in Kulturräumen anzubauen, sofern deren Temperatur weniger als 20 °C, mindestens aber 12 °C beträgt. In kühlen Kellern und Stollen können Sie Champignons meist das ganze Jahr über ziehen, in Ställen, Scheunen und Gewächshäusern jedoch werden in den heißen Sommermonaten kaum Ernten zu erzielen sein.

Champignons benötigen für ein gesundes Wachstum zwar kein Licht, aber Frischluft. Ähnlich wie der Austernpilz reagiert der Champignon auf erhöhte CO_2-Konzentrationen empfindlich und bildet unproportioniert lange Stiele. Ist dies der Fall, muss der Luftwechsel unbedingt verstärkt werden. Dieses Problem tritt beim Anbau im Garten nicht auf (Abb. 113 auf Seite 123).

Früher baute man Champignons auf Hügel- oder Bodenbeeten in Kellern und Stollen an. Heute kultiviert man sie im Gebäude meist in Stellagen, Kisten oder Säcken. Für Räume, in denen nur 12–16 °C herrschen, eignet sich die Sackkultur besonders gut. Bei Temperaturen über 16 °C könnte sich das Substrat in der Folie bereits so weit erhitzen, dass der Ertrag merklich unter der Norm bleibt.

Um den vorhandenen Platz möglichst gut zu nutzen, werden Säcke oft in Doppelreihen aufgestellt, dazwischen aber Erntegänge ge-

Abb. 113 Bei erhöhten CO_2-Konzentrationen bildet der Champignon lange Stiele.

Übersicht Champignonanbau	
1. Anbau im Haus mit Fertigkulturen	
Zeitpunkt der Anlage	In Räumen ganzjährig bis auf den Hochsommer
Behandlung des Substrates	Gleich nach Erhalt: Auftragen von Deckerde
Durchwachsphase	Bei ca. 18–24 °C in mit Folie abgedecktem Behälter ca. 10–20 Tage
Ernte, Ertrag	Absenkung der Temperatur auf 15–18° und Erhöhung der Sauerstoffzufuhr Primordienbildung ca. 5–15 Tage. Kultur feucht halten und für Frischluftzufuhr sorgen. Mehrere Erntewellen möglich
2. Anbau im Garten oder Kulturräumen (für Fortgeschrittene)	
Zeitpunkt der Anlage	Im Freiland April bis Mai und August, in Räumen ganzjährig
Behandlung des Substrates	Pferdemist wird mit einigen Zuschlagsstoffen 2–3 Wochen kompostiert
Beimpfung	Substrat in Kisten füllen oder Beete anlegen, ausreichend abkühlen lassen Etwa 1 l (600 g) Brut/m² Beetfläche mit ca. 20 cm Höhe bzw. 1 Gew.-% bei Sackkultur
Durchwachsphase	Optimale Temperatur 20–24 °C, hohe Luftfeuchtigkeit nötig Nach 2–3 Wochen Deckerde aufbringen, optimale Temperatur nun 20 °C Etwa 10 Tage später Deckerde verkratzen
Ernte, Ertrag	Fruchtkörperbildung 3–4 Wochen nach dem Abdecken, 6–7 Wellen, optimale Temperatur 16–18 °C Ertrag ca. 10 % des Substratgewichts, bei zugekauftem Fertigsubstrat höhere Erträge

lassen. Kultivieren Sie in Kisten, können diese auch schachbrettartig aufeinandergestapelt werden (Skizze 13 auf Seite 129). Sobald ein Raum mit Champignonsubstrat vollgestellt ist, reicht ein Fenster für die Belüftung meist nicht mehr aus. Dann muss ein Ventilator angeschafft werden.

Ansonsten gilt für die Durchführung der Champignonkultur in Räumen das bereits für den Anbau im Garten Gesagte. In einem Betriebsgebäude haben Sie aber eher die Möglichkeit, die jeweils idealen Temperaturen einzustellen. Während der Durchwachsphase kann geheizt, in der Erntephase durch Befeuchten des Fußbodens gekühlt werden.

Misserfolge und ihre Ursachen

Die hier beschriebenen möglichen Misserfolge sollten Sie kennen, wenn Sie Champignons in größeren Mengen auf eigenem Substrat anbauen möchten. Für die Champignonfertigkulturen sind die meisten der hier beschriebenen Misserfolge irrelevant. Lediglich der Hinweis, warum Fruchtkörper lange Stiele bekommen können, ist interessant zu wissen, und dass Insektenbefall leider auch bei Fertigkulturen vorkommen kann.

Myzel wächst schlecht ein: Will das Champignonmyzel nicht ordentlich wachsen, obwohl die Brut in Ordnung war, gibt es dafür vor allem zwei Gründe: Entweder enthielt das Substrat noch Ammoniak oder die Temperatur stieg während der Anwachsphase auf über 35 °C. Finden Sie im Inneren der Kulturen schwarzes Substrat, deutet dies auf Hitzeschäden hin. Sie können auch bei Fertigkulturen auftreten, die unsachgemäß gelagert wurden oder während der Lieferung zu hohen Temperaturen ausgesetzt waren.

Wird die Temperatur zur Zeit der Fruchtkörperbildung nicht ausreichend gesenkt, kann das Champignonmyzel auf die Oberfläche der Deckerde hinaufwachsen. Dort breitet es sich watteartig aus. Diese Flauschbildung beeinflusst den Ertrag negativ. Der ausgewachsene Myzelbelag muss entfernt werden. Gleichzeitig sollten Sie der Ursache der Flauschbildung zu Leibe rücken, also die Temperatur auf mindestens 18 °C senken.

Fruchtkörper mit langen Stielen: Mangelnde Belüftung und die dadurch steigende CO_2-Konzentration verursachen beim Champignon die Bildung langer Stiele. Stehen während der ersten Erntewellen die Pilze dicht an dicht, kann sich aber trotz optimaler Belüftung im Inneren der Büschel CO_2 ansammeln und dadurch Langstieligkeit auftreten.

Insektenbefall: Champignons werden auch gerne von Älchen, Milben, Springschwänzen, Fliegen und Mücken befallen. Besonders in Räumen können sich Pilzfliegen zur Plage entwickeln.

Schnecken: Bei Freilandkulturen muss man vor allem dem Befall durch Schnecken vorbeugen, die Champignons gerne mögen.

Befall der Kulturen mit Viren oder Bakterien: Beim Champignon, der nun schon über 250 Jahre angebaut wird, sind leider zahlreiche Krankheiten bekannt, die von Viren, Bakterien oder Pilzen hervorgerufen werden. Auch Viren können an Kulturchampignons Langstieligkeit verursachen. Die Stiele befallener Fruchtkörper sind leicht gebogen, weich und wässrig, oft auch bräunlich gestreift. Es gibt keine anerkannten Mittel, um den Virusbefall zu bekämpfen. Da sich Viren durch die Sporen kranker Fruchtkörper ausbreiten, muss unbedingt verhindert werden, dass die befallenen Pilze ihre Sporen abwerfen. Am besten steckt man sie in Plastikbeutel und vernichtet sie. Bakterien verursachen oft dunkle Flecken auf den Hüten. Sie können dem vorbeugen, indem nach jedem Gießen ordentlich belüftet wird, damit die Fruchtkörper rasch wieder abtrocknen. Schuppige Hüte sind dagegen ein Zeichen dafür, dass bei zu geringer Luftfeuchtigkeit zu stark gelüftet wurde.

In Champignonkulturen können verschiedene Tintlingsarten auftreten. Sie richten kaum nennenswerten Schaden an, sind aber eventuell ein Hinweis, dass das Substrat ungenügend fermentiert oder zu nass gehalten wurde. Gefährlicher sind Pilzkrankheiten wie Weichfäule, Grauschimmel oder Grüner Schimmel. Einem Befall kann durch äußerste Sauberkeit vorgebeugt werden: Pflücken sollten Sie die Pilze nur mit frisch gewaschenen Händen und die Kulturräume stets mit gereinigten Schuhen betreten. Die Beete müssen nach dem Ernten gesäubert und kranke Pilze, Pilzabfälle und Stielreste entfernt werden. Zu hohe Temperatur und Feuchtigkeit fördern Pilzkrankheiten.

Es gibt nur wenige zugelassene Schädlingsbekämpfungsmittel für den Champignonanbau. Ihr Einsatz wäre für den Hobbypilzzüchter auch zu teuer.

Tipp

Um einem Befall mit Schädlingen vorzubeugen, sollten Sie die Champignons nie überreif werden und keine Pilzteile auf der Kultur liegen lassen. Bei niedrigen Temperaturen verlangsamt sich die Entwicklung der Schädlinge wesentlich.

Verwendung, Lagerung, Konservierung

Bei den frisch geernteten Champignons entfernen Sie das verschmutzte Stielende. Champignons sind im Kühlschrank etwa 4 Tage lagerfähig. Sie können Champignons auch tiefgefrieren, sollten sie dann aber nur unaufgetaut verarbeiten, weil sie sich sonst braun bis schwarz verfärben.

Schopftintling

Wissenschaftlicher Name: *Coprinus comatus*
Synonym: Spargelpilz, Tintenpilz.
Internationale Bezeichnung: Horsetail fungus

Der Schopftintling wächst vom Frühling bis in den Herbst auf fetten Böden, am Rand von Weiden und Wegen, auch in Gärten und auf sandigen begangenen Stellen. Bei Pilzsammlern ist er wegen seines guten Geschmacks begehrt. Leider hat er einen Nachteil: die Selbstauflösung (Autolyse), die innerhalb von wenigen Stunden passiert. Der Pilz bildet eine schwarze Sporenflüssigkeit aus und zerfließt. Im Handel wird er deshalb auch nicht angeboten. Mit etwas Glück und einem kurzen Weg nach Hause können Sie den Schopftintling sammeln oder im Garten anbauen.

Aussehen

Die weißen, zylindrisch bis kugelförmigen Hüte junger Pilze besitzen eine glatte Oberfläche und einen beigen bis ockergelben Scheitel. Später sind sie von faserigen Flecken bedeckt. Die Hüte werden bis 14 cm hoch und 6 cm breit. Sie öffnen sich innerhalb kurzer Zeit wie eine hohe enge Glocke. Ihr Rand färbt sich zuerst rosa, dann schwarz. Schließlich löst sich der ganze Hut vom Rand her in eine tintenartige Flüssigkeit auf, die die Sporen enthält. Die weißen Lamellen verfärben sich ebenso dunkel und zerfließen mit dem Hut zu schwarzer Tinte.

Der glatte weiße Stiel ist hohl, wird bis zu 20 cm lang und 2 cm breit. Er besitzt einen Ring, der an älteren Pilzen oft schon verschwunden ist. Das Fleisch ist weiß, fest und ohne besonderen Geruch.

Abb. 114 Sackkultur für Schopftintling.

Anbau im Garten

Der Schopftintling lässt sich gut auf Strohpellets im Garten anbauen. Diese Anbaumethode ist am besten im Frühjahr bis Sommer möglich. So vermeiden Sie die Kulturführung über den Winter, der in manchen Gegenden rauer sein kann und die Bodenkultur eventuell schädigt.

Auf Strohpellets

Der Anbau erfolgt in zwei Schritten: Zunächst mischen Sie die Brut mit fermentierten Strohpellets und lassen diese im Haus durchwachsen. Im zweiten Schritt setzen Sie diese Substrate in den Gartenboden ein. Als Faustregel für eine Kultur impfen Sie etwa 1 l Brut auf 1,25 kg Strohpellets (Trockengewicht).

Anlage der Substrate: Zur Anlage der Kulturen weichen Sie Strohpellets in einem großen Eimer ein. Kochendes Wasser beschleunigt den Fermentierungsprozess. Ein gut schließender Deckel hält die Masse sauber und ist sinnvoll wegen der etwas unangenehmen Geruchsbildung (leicht gärig).

Die feuchten, aber eher nicht tropfenden Pellets werden nach der 5- bis 7-tägigen Fermentationsphase mit der Brut vom Schopftintling gemischt und in mikroperforierte („genadelte") Beutel hineingefüllt.

Abb. 115 Ausgewachsene Schopftintlinge (*Coprinus comatus*).

Tipp

Die feuchten Strohpellets können Flecken ergeben. Daher arbeiten Sie am besten im Garten.

Zum Durchmischen ist eine saubere Waschschüssel oder ein Eimer gut geeignet. Brut und Strohmasse sollen gut mit einer sauberen Handschaufel durchmischt werden, damit das Myzel, was von jedem Brutkorn aus in die Pellets wächst, gleichmäßig und zügig in die Strohmasse einwachsen kann. Nach Einfüllen der Masse in die Beutel brauchen diese nun einen Platz mit einer Temperatur von etwa 18–21 °C. Licht ist nicht erforderlich. Die Kulturen freuen sich über eine luftige Unterlage, zum Beispiel einen Drahtkorb.

Haben die Beutel eine schön gleichmäßige weiße Oberfläche bekommen (Abb. 114 auf Seite 126), so ist das Myzel gut in die Pelletmasse eingewachsen. Dieses Durchwachsen benötigt etwa 4–5 Wochen.

Einsetzen der Substrate in den Gartenboden: Jetzt werden die Kulturen ohne Folie mit mindestens 30 cm Abstand voneinander an einem schattigen feuchten Platz in den Gartenboden eingebracht, wo Sie zuvor auch etwas reifen Kompost oder getrockneten Pferdemist mit in das „Pflanzloch" füllen. Die Kulturen werden flach hineingelegt, sodass sie dann mit einer etwa 5–10 cm dicken Schicht Gartenerde bedeckt werden können. Diese Schicht wird zum Abschluss leicht angedrückt. Bei Lehmböden empfiehlt es sich, unter der Kultur etwas Sand einzufüllen, um Staunässe zu vermeiden.

Je nach Jahreszeit können Sie nach 6 bis 12 Wochen die erste von mehreren Erntewellen erwarten. Die Fruchtung erfolgt gern zum Sommerende, wenn die Nächte kühler werden. Nachdem die Fruchtkörper aus der Erde „sprießen", benötigen sie maximal 1 Woche bis zur Erntereife.

Abb. 116 Überreifer Schopftintling, halbiert.

Da im Garten gelegentlich auch andere Tintlinge wachsen können, empfiehlt sich immer eine Inaugenscheinnahme, dass es sich bei der Ernte um die essbaren Schopftintlinge handelt (Abb. 115 auf Seite 127) und nicht um Fremdpilze.

Ernte: Die erste Ernte ist wie üblich im Pilzanbau auf Substraten die größte. Ob im Folgejahr noch weitere Schopftintlinge erscheinen, ist abhängig vom Nährstoffangebot und den Bodenverhältnissen. Bekannt ist, dass Schopftintlinge kalkliebend sind und Sandböden wegen des schlechten Wasserspeichervermögens leider keine dauerhafte Heimat für die Pilze sind.

Die Pilze wachsen meist in ganzen Büscheln, diese werden immer im Ganzen mit einem scharfen Messer geerntet. Die Schopftintlinge sollten Sie bündelweise an der Stielbasis fassen und sie vorsichtig aus dem Substrat herausdrehen oder -schneiden. Damit die Pilze sauber bleiben, schneiden Sie die unteren erdigen Enden ab, wenn Sie das Bündel noch in der Hand haben.

Auf Champignonsubstrat – für Fortgeschrittene

In Champignonkulturen treten öfter Tintlinge als „Unkrautpilze“ auf. Da lag schon in den 1950er-Jahren der Gedanke nahe, ob nicht auch der schmackhafte Schopftintling auf Champignonsubstrat gedeihen könnte. Erste Versuche führte die VEG Champignonzucht in Dieskau (Sachsen-Anhalt) durch, die Mitte der 1970er-Jahre auch das älteste Anbauverfahren für den Kulturträuschling entwickelte.

Tatsächlich kann der Schopftintling auf der gleichen Nährgrundlage gezogen werden wie der Champignon (vgl. „Champignonsubstrat“ Seite 117). Es kann auch zugekauftes unbeimpftes Champignonsubstrat verwendet werden. Leider ist dieses jedoch in Kleinmengen heutzutage extrem schwer zu beziehen. Dennoch möchten wir diese Methode hier beschreiben, denn sie ermöglicht den Anbau in größerem Umfang.

Abb. 117 Junge Schopftintlinge (*Coprinus comatus*).

Schopftintlinge können auf Champignonsubstrat auch ohne Bodenkontakt an schattigen Stellen im Garten gezogen werden, in Frühbeetkästen, Bodenbeeten, Säcken oder Kisten. Das beimpfte Substrat sollte jeweils 18–20 cm hoch angelegt werden. Ein Schutzdach gegen allzu viel Sonne und Regen ist empfehlenswert. Die beste Zeit für eine Kulturanlage sind die Monate von Mai bis August.

Beimpfen und Durchwachsphase: Je m^2 Beetfläche, Substrathöhe 20 cm, werden 1 l Körnerbrut (etwa 600 g) Brut benötigt. Sie impfen auf die beim Champignon beschriebene Weise (Seite 117). Der Schopftintling zählt aber zu den kalkliebenden Pilzen: Somit ist es möglich, die Nährgrundlage zu verbessern, indem Sie je m^3 40 kg kohlensauren Kalk (Kalziumkarbonat) untermischen. Danach stecken Sie walnussgroße Brutstücke etwa 5 cm tief in die Nährgrundlage. Deren Temperatur sollte nicht über 25 °C liegen.

Nach dem Beimpfen werden die Beete oder Kisten mit gelochter Plastikfolie, feuchtem Papier oder Jutesäcken abgedeckt. Mikroperforierte („genadelte“) Beutel binden Sie nach Einfüllen des Substrates zu.

Während der Durchwachsphase sind Temperaturen von 20–24 °C ideal. Nach etwa 3–4 Wochen wird das Substrat vom weißen Myzel des Schopftintlings durchsponnen sein. Nun müssen Sie die Abdeckung entfernen und 5 cm hoch Deckerde auftragen.

Deckerde: Sie kann nach den beim Champignon angegebenen Rezepten gemischt werden. Für den kalkliebenden Schopftintling empfiehlt sich aber ein pH-Wert von 7,5–8. Die Erde sollte schon vor dem Aufbringen ausreichend feucht sein (Handprobe) und während der Kultur nicht mehr austrocknen. Am besten decken Sie auch die Erdoberfläche wieder mit gelochter Plastikfolie, feuchtem Papier oder Jutesäcken ab. Bei Temperaturen um 20 °C wird das Myzel nach etwa 10 Tagen auf der Oberfläche der Deckerde erscheinen. Nun verkratzen Sie diese mit einer Drahtbürste oder einem Rechen (Seite 122). Die Kultur darf nun nicht mehr abgedeckt werden, denn auch der Schopftintling braucht zur Fruchtkörperbildung Frischluft. Die Deckerde muss mit einer feinporigen Brause mit Leitungswasser stets ausreichend feucht gehalten werden.

Ernte, Ertrag: Etwa 3–4 Wochen nach dem Aufbringen der Deckerde erscheinen die ersten Pilze. Dazu sind Temperaturen von 15–20 °C ideal. Im Abstand von 10–14 Tagen wachsen sie in mehreren Wellen heran. Spätestens Mitte November werden die Freilandkulturen abgeräumt. Das abgetragene Substrat kann noch unter Beerensträuchern oder Obstbäumen als Dünger verteilt werden.

Schopftintlinge liefern bei diesem Verfahren einen Ertrag von ca. 10–15 % des Substratfrischgewichts.

Anbau im Haus

Auf Champignonsubstrat – für Fortgeschrittene

In Hobbyräumen, Waschküchen, Scheunen, Kellern, auf einem schattigen Balkon und im schattierten Gewächshaus können Schopftintlinge ebenso wie in Bodenbeeten auf unbeimpftem Champignonsubstrat angebaut werden. Für den Anbau müssen dort Temperaturen von mindestens 15 °C herrschen. Der Schopftintling braucht zum Wachsen Frischluft, begnügt sich aber mit schwachem Dämmerlicht. In geeigneten Räumen ist der Anbau oft das ganze Jahr über möglich.

Wer viel Platz hat, kann wie beim Champignon in Kellern und Scheunen Bodenbeete anlegen oder die Schopftintlinge in Foliensäcken und Kisten kultivieren (Skizze 13 auf Seite 129). Um den Platz möglichst gut auszunützen, werden Kisten oft schachbrettartig aufeinandergestellt. Für Beimpfung, Durchwachsphase und Ernte gelten die gleichen Gesichtspunkte wie beim Anbau im Garten.

Misserfolge und ihre Ursachen

Staunässe: Für die Strohpelletkulturen, die in den Gartenboden eingegraben werden, muss Staunässe vermieden werden. Bei Anlage dieser Kulturen im Spätsommer oder Herbst ist ein Erscheinen der Pilze im Folgejahr etwas unsicher,

Skizze 13 Schopftintling – Anbau in Kisten im Haus.

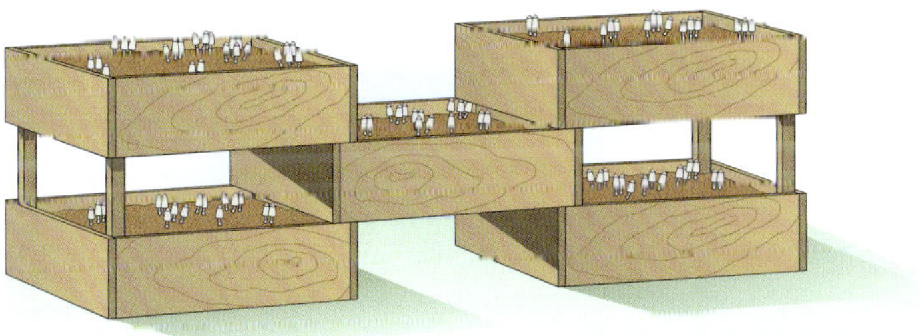

Übersicht Schopftintlinganbau	
1. Auf Strohpellets	
Zeitpunkt der Anlage	Vorkultur im Frühjahr im Haus, dann Freiland April bis August/September
Behandlung des Substrates	Strohpellets wässern und fermentieren
Beimpfung	1 l Körnerbrut (600 g) auf 1,25 kg Strohpellets (Trockengewicht)
Durchwachsphase	Kultur im perforierten Folienbeutel Optimale Temperatur 18–21 °C, nach 4–5 Wochen Folie entfernen und in den Gartenboden setzen
Ernte, Ertrag	Fruchtkörperbildung in 2–3 Wellen über mehrere Wochen, meist im September (bei Temperaturen von 15–20 °C) Alle parallel erscheinenden Pilze gleichzeitig ernten
2. Auf Champignonsubstrat	
Zeitpunkt der Anlage	Im Freiland Mai bis August, in Räumen ganzjährig
Behandlung des Substrates	Wie beim Champignonanbau Zusatz von 1 kg kohlensaurem Kalk/100 kg Substrat günstig
Beimpfung	1 l (600 g) Körnerbrut/m² Beetfläche mit Substrathöhe 20 cm, bzw. 5 Gew.-% bei Kultur in Foliensäcken
Durchwachsphase	Optimale Temperatur 20–24 °C, hohe Luftfeuchtigkeit Nach 3–4 Wochen Deckerde aufbringen, Temperatur nun um 20 °C Nach etwa 10 Tagen verkratzen
Ernte, Ertrag	Etwa 4 Wochen nach dem Abdecken Fruchtkörperbildung in mehreren Wellen bei Temperaturen von 15–20 °C Alle parallel erscheinenden Pilze gleichzeitig ernten

da sich im Boden zahlreiche Einflussfaktoren auf die Substrate auswirken können.

Krankheiten, Befall: Bei Schopftintlingen gibt es kaum Probleme mit Krankheitsbefall, sofern sauber gearbeitet wird. Sollten dennoch einzelne Pilze seltsam verunstaltet wachsen, müssen sie entfernt und vernichtet werden. Maden sind selten in Schopftintlingen zu finden, vor allem im Freiland muss aber auf Schnecken geachtet werden.

Substratüberhitzung: Wenn Sie größere Mengen Substrat ansetzen, muss auf die Temperatur geachtet werden. Auch das Schopftintlingmyzel überlebt Temperaturen über 35 °C nur kurze Zeit. Deswegen darf sich wie beim Champignon das Substrat nicht zu sehr erhitzen.

Verwendung, Lagerung, Konservierung

Frisch geernteten Schopftintlingen schneiden Sie die verschmutzte Stielbasis ab, die Stiele können mitverzehrt werden. Junge Pilze, deren Hüte noch kaum Schuppen zeigen, sind im Kühlschrank bei 5 °C etwa 1–2 Tage haltbar, größere Schopftintlinge sind nicht lagerbar. Sie können bei Temperaturen um etwa 45 °C im Backofen getrocknet werden. Die Tür sollte dabei einen Spalt offen bleiben, damit die Feuchtigkeit entweichen kann. Beim Trocknen an der Luft würden die Schopftintlinge eventuell bereits zerlaufen. Die Pilze können sogar tiefgefroren werden. Blanchieren ist nicht nötig. Schopftintlinge sollten ohne Auftauen gleich zubereitet werden, da sie sich sonst schwarz verfärben.

Parasolpilz

Wissenschaftlicher Name: *Macrolepiota procera*
Synonym: Riesenschirmling, Riesenschirmpilz
Internationale Bezeichnung: Parasol mushroom

Der Parasolpilz ist in Deutschland heimisch und wächst vom Sommer bis zum Herbst an grasigen Stellen in Wäldern und am Wegrand. Dabei bevorzugt er Kalk-und Silikatböden. Ein Anbau im Garten ist möglich, aber schwierig. Fertigkulturen oder eigens hergestellte Substrate werden in den Gartenboden eingegraben, ähnlich wie für den Schopftintling, der allerdings zuverlässigere Ergebnisse bringt.

Aussehen

Die Hüte junger Parasolpilze sind eiförmig bis kugelig, beigegrau gefärbt und bis auf einen glatten Buckel in der Mitte von braunen Schuppen bedeckt. Mit der Reife breiten sich die Hüte aus und erreichen einen Durchmesser von 10–25 cm. Die Lamellen sind weiß bis gelblich, im Alter rostbraun, die Sporen weiß. Der Stiel kann 20–40 cm hoch und 2–3 cm dick werden. Er ist innen hohl, wie der Hut von zahlreichen braunen Schuppen bedeckt, und endet unten in einer Knolle. Er trägt einen auffallend großen, fast weißen Ring. Das Fleisch des Hutes ist weiß und zart, das des Stieles meist faserig. Es rötet sich etwas an der Luft. Sein Geruch und Geschmack erinnern an Haselnüsse. Der Parasolpilz ist ein guter Speisepilz. Meist wird nur sein Hut verwendet, bei jungen, noch geschlossenen Fruchtkörpern sind aber auch die Stiele brauchbar. Ernteexemplare aus dem Freiland sollten vor Verzehr eindeutig bestimmt werden.

Achtung

Neben dem Parasol können noch weitere Schirmlinge im Garten vorkommen. Er kann zum Beispiel mit dem unbekömmlichen Grünsporschirmling oder dem Gift-Riesenschirmling (*Chlorophyllum brunneum*) verwechselt werden. Über Kompost und Blumenerdereste können weitere, auch giftige Schirmlingsarten in den Gartenboden einwandern. Wer den Parasol im Garten oder Freiland erntet, muss ihn eindeutig bestimmen.

Anbau im Garten

Der Anbau des Parasol ist etwas für Tüftler. Es ist aber schon gelungen, Parasol im Garten an Stellen anzusiedeln, die seinen natürlichen Standorten nahekommen: An halbschattigen Plätzen werden im Frühjahr bis Sommer kleine Gruben aus der Rasenfläche gehoben und mit durchwachsenem Substrat gefüllt. Dieses Substrat können Sie auch aus fermentierten Strohpellets und Parasolbrut selbst ansetzen.

Abb. 118 Parasolpilz (*Macrolepiota procera.*)

Abb. 119 Parasolpilz, Sackkultur.

Violetter Rötelritterling

Wissenschaftlicher Name: *Lepista nuda, Clitocybe nuda*
Synonym: Nackter Rötelritterling
Internationale Bezeichnung: Wood blewit

Der Violette Rötelritterling wächst im Herbst und Winter auf humosen Waldböden, gelegentlich in Gärten, oft in Form von Hexenringen. Leider gibt es bis heute kein gängiges leichtes Anbauverfahren. Nur sehr wenige Pilzfarmen in Mitteleuropa bauen diesen Pilz auf Substraten überhaupt an. Leider ist auch die Pilzbrut kaum verfügbar.

Aussehen

Der Violette Rötelritterling hat eine ungewöhnliche Färbung: Seine Hüte können lila, lilabraun oder braunrötlich gefärbt sein, die Mitte ist stets bräunlich. Die Farbe bleicht jedoch später aus. Junge Pilze besitzen halbkugelige Hüte mit eingerolltem Rand. Diese breiten sich mit der Reife aus und erreichen Durchmesser von 6–15 cm. Die Stiele werden bis zu 10 cm hoch und 3 cm dick. Die Stielbasis ist knollig verdickt und mit lila Filz (Myzel) bedeckt. Die Stiele sind ebenso wie die Lamellen lila oder graulila gefärbt, die Sporen lila bis rötlich.

Er zählt zu den vorzüglichen Speisepilzen. Sein Fleisch ist weißlich-violett, zart und riecht süßlich parfümiert. Es schmeckt süßlich aromatisch, sollte aber nicht roh gegessen werden.

Geschichte

Im Jahre 1898 wurde in Frankreich erstmals versucht, Violette Rötelritterlinge anzubauen. Man wollte die Bedingungen am natürlichen Standort imitieren und verwendete Gemische aus kompostiertem Pferdemist, Blättern und Tannennadeln als Substrat. Inzwischen ist bekannt, dass der Violette Rötelritterling auch auf Champignonsubstrat (Seite 117) wächst. In Holland gelang der Anbau auf Kompost, der sich aus vier Teilen Pferdemist, einem Teil Stroh bzw. Rinde und Superphosphatdünger anstatt des Hähnchenkots zusammensetzte.

Abb. 120 Violetter Rötelritterling im Wald.

Anbau im Garten

Die folgenden Anbauempfehlungen sind an den gewerblichen Anbau angelehnt und nur erfahrenen Pilzanbauern empfohlen. Der Anbau verläuft recht ähnlich wie die Champignonkultur. Der Violette Rötelritterling bildet Fruchtkörper, wenn die Außentemperaturen unter 15 °C liegen, also im Herbst, Winter und sogar noch im Frühjahr. Die beste Anlagezeit ist der Monat Mai, eventuell auch im Herbst.

Im Hausgarten wird der Pilz im Schatten von Bäumen und Sträuchern in Bodenbeeten, Kisten oder Säcken angebaut. Zum Schutz vor zu viel Sonne oder Regen ist ein Schrägdach von Vorteil. Das Substrat sollte im Vergleich zum Champignon mit der doppelten Menge Brut beimpft werden, also 2 l (etwa 1200 g) Körnerbrut je m^2 Beetfläche oder 2 Gew.-% bei Sackkultur. Wie beim Anbau von Champignons wird das Substrat nach dem Spicken abgedeckt und für hohe Luftfeuchtigkeit gesorgt. Das Ritterlingmyzel entwickelt sich am besten bei Temperaturen um 20 °C. Nach 2–3 Wochen ist das Substrat von den lilafarbigen Myzelfäden durchsponnen.

Nun wird 5 cm hoch feuchte Deckerde aufgebracht und die Kultur abgedeckt. Es eignen sich die beim Champignonanbau beschriebenen Deckerde-Mischungen (Seite 122). 2–3 Wochen später erscheint das Myzel auf der Erdoberfläche. Verkratzen wie beim Champignon ist nicht nötig. Etwa 3 Wochen nach dem Abdecken können sich bei Temperaturen von 10–15 °C die ersten Pilze entwickeln und die Abdeckung muss nun entfernt werden.

Wichtig ist, dass die Deckerde 19 immer optimal feucht bleibt (siehe „Die Handprobe" im Tipp auf Seite 122). Ist sie zu trocken, vertrocknen auch die kleinen Pilze, ist sie zu nass, beginnt das Myzel zu wuchern und bildet einen dichten lila Belag, aus dem kaum noch Fruchtkörper sprießen. In beiden Fällen kann es helfen, wieder etwa 0,5 cm hoch feuchte Deckerde aufzutragen. Auch nach jeder Erntewelle sollte noch einmal die gleiche Menge Deckerde ausgebracht werden.

Verwendung, Lagerung, Konservierung

Bei frisch geernteten Fruchtkörpern wird die verschmutzte Stielbasis abgeschnitten. Im Kühlschrank halten sich die Pilze etwa 5 Tage. Sie können getrocknet, tiefgefroren oder konserviert werden.

Pilze auf Fertigkulturen

Wenn Sie einen Pilz erst einmal geschmacklich kennenlernen und nicht so lange auf die erste Ernte warten möchten, sind Fertigkulturen dafür gut geeignet, denn diese Kulturen sind bereits mit dem jeweiligen Pilzmyzel durchwachsen und unter optimalen Bedingungen herangereift.

Abb. 121 Nameko auf Fertigkultur.

In diesem Kapitel finden sich Hinweise und Tipps zu Fertigkulturen aus Stroh- oder Holzspänen. Viele Pilzfarmen, mit Ausnahme von Champignonbetrieben, erzeugen Frischpilze mit Fertigkulturen, auch als Substratblöcke bekannt. Manche Farmen bieten durchwachsene Fertigkulturen auch für den Hobbybereich an und nennen sie auch Ernteballen oder Pilzzuchtkultur. Sie werden üblicherweise kurz vor der Fruchtkörperbildung ausgeliefert.

Je nach Pilzart bestehen Fertigkulturen aus Stroh- oder Holzspänemischungen mit unterschiedlichen Anteilen aus Pilzmyzel, Gips und Getreide. Die ballenartigen Kulturen werden mit hohem technischem Aufwand unter sterilen Bedingungen hergestellt. Meist entwickeln die Pilzfarmen dafür individuelle Rezepte und Verfahren.

Da sich Fertigkulturen sowohl nach Pilzart, Reifegrad oder auch herstellungsbedingt unterscheiden können, sind immer auch die beigelegten Anbauanleitungen zu beachten. Besonderes Augenmerk muss auf hohe Luftfeuchtigkeit gelegt werden. Zuchtboxen für Champignons basieren auf Kompostmischungen und sind auf Seite 114 beschrieben.

Die Kulturen werden ballenartig in geschlossenen Folienbeuteln geliefert, in denen sie steril herangereift sind. Das Gewicht kann um die 2–5 kg betragen. Die Grundfläche entspricht meist in etwa einem DIN-A4-Blatt. Je nach Pilzart entfernen Sie die Folie komplett, bei anderen öffnen Sie die Folie nur oben und bei weiteren schneiden Sie nur kleine Löcher hinein, durch die die Fruchtkörper dann wachsen. Sie können von den Kulturen je nach Pilzart 1–3 Erntewellen erwarten. Danach ist die Kultur erschöpft und kann kompostiert werden.

Der Vorteil der Fertigkulturen ist die kurze Zeit von wenigen Wochen bis zur ersten Ern-

Abb. 122 Heranreifende Substrate in einer Pilzfarm.

Tipp für Einsteiger

Treffen Sie eine Auswahl von Fertigkulturen nicht nur danach, welche Pilze Sie bald frisch probieren möchten, sondern auch nach Jahreszeiten, da die optimale Temperatur zum Fruchten recht unterschiedlich sein kann. Der Kräuterseitling braucht es eher kühl, der Pioppino hingegen bildet nur Fruchtkörper, wenn die Temperatur mindestens 20 °C beträgt. Der Rosafarbene Seitling stammt aus den Tropen, liebt also noch wärmere Temperaturen.

te. Auch gibt es Pilze, deren Kulturen nicht so recht gelingen wollen, wenn Sie diese selbst ansetzen möchten. Dazu gehören insbesondere der Kräuterseitling, der Igelstachelbart und der Buchenpilz, die Sie auf den folgenden Seiten näher kennenlernen werden.

Mit vielen anderen Pilzarten können Sie auf Strohpellets sehr erfolgreich eigene Kulturen ansetzen (Seite 34). Wenn Sie diese jedoch nicht selbst ansetzen möchten, können Sie sich auch von den starkwüchsigen Austernpilzen eine Fertigkultur besorgen und diese zu Hause aufstellen. Beim Shiitake hingegen ist ein Ansetzen und Durchwachsen einer eigenen Kultur auf vorerhitzten Holzspänen zu Hause sinnvoll (Seite 81), denn Shiitake reagiert auf Erschütterung: Er fängt dann an, Fruchtkörper auszubilden. Ist eine Shiitakefertigkultur länger in einem Versandpaket unterwegs, so kann es sein, dass schon deformierte Pilze in der Packung wachsen.

Ansprüche der Kulturen

Allen Kulturen ist gemein, dass sie im Haus aufgestellt werden können. Sie brauchen nur wenig Licht und keine Sonne, aber gehören nicht auf oder in die Nähe einer Heizung. Von Frühjahr bis Herbst kann auch ein windgeschützter Nordbalkon oder ein regengeschützter, schattiger und feuchter Gartenbereich gut geeignet sein. Ein ungelüfteter dunkler Keller dagegen ist kein guter Ort.

Eine Herausforderung bei Fertigkulturen ist die Luftfeuchtigkeit. Für Fertigkulturen ist meist eine Luftfeuchtigkeit von 80–85 %, für einige Kulturen sogar bis 90 % empfohlen. Zum Vergleich: Die in Bezug auf optimales Raumklima tatsächliche und auch empfohlene Luftfeuchtigkeit liegt für Wohnräume bei 40–60 %, für Badezimmer bei 50–70 %.

Abb. 123 Substratblöcke mit Fruchtkörpern in einer Pilzfarm.

Tipp

Manchmal quellen die Pilze bei Ankunft schon aus der Packung. Dann können Sie weder das rasante Pilzwachstum selbst beobachten noch sicher frische und heile Pilze ernten. Wachsen diese schon in der Verpackung, so können sie stark deformiert sein. Fragen Sie am besten bei Bestellung, wie weit die Kulturen sind. Oder weisen Sie bei Bestellung darauf hin, dass Sie eine Kultur erwarten, die erst nach Zustellung fruchten wird. Das kann allerdings bedeuten, dass Sie auf die Lieferung produktionsbedingt etwas warten müssen.

Abb. 124 Fertigkultur im Spezialbeutel.

Deshalb sollten Sie mit ein paar Hilfsmitteln eine höhere Luftfeuchte um die Kulturen herum erzeugen. Die Kulturanleitungen verschiedener Lieferanten geben dafür unterschiedliche Empfehlungen. So können Sie die Kultur in ein Minigewächshaus stellen oder einen großen Foliensack darüber stülpen. Auch eine kleine Wanne in Kombination mit einem Stein hilft: Stellen Sie die Kultur in der Wanne auf den Stein und füllen Wasser ein, so viel bzw. wenig, dass die Kultur nicht direkt im Wasser steht, sondern knapp darüber.

Bei übergestülpten Foliensäcken müssen Sie dennoch für Frischluftzufuhr sorgen und darauf achten, dass die Folie nicht auf der Kultur und den rasch wachsenden Pilzen aufliegt. Schaschlikspieße, in die Kultur gesteckt, oder andere Abstandhalter unter der Folie sind eine mögliche Lösung. Auch das Besprühen der Kultur mit einem frisch mit Wasser gefüllten Pflanzensprüher kann helfen. Darüber hinaus kann es in den Anleitungen je nach Pilzart auch Besonderheiten geben, die hier nicht alle aufgeführt sein können. Beachten Sie daher bitte die Details in den mitgelieferten Anleitungen.

Die folgende Tabelle gibt einen Überblick zu einzelnen Fertigkulturen:

Abb. 125 Pioppinofertigkultur.

Abb. 126 Austernpilzkultur im Foliensack.

Ansprüche verschiedener Fertigkulturen (Auswahl)

Pilzart	Temperatur	Luftfeuchte	Ernten	Sonstiges
Igelstachelbart	14–18 °C, ungern Schwankungen	80–85 %	2–4 innerhalb von 2–3 Monaten	Frischluft, wenig Luftbewegung, etwas Licht. Beutel bleibt stramm um die Kultur, Beutel bekommt Einschnitte
Kräuterseitling	12–15 °C	80–85 %	1–2 innerhalb von 2 Monaten	Frischluft, etwas Licht, Folie wird bei Erscheinen der Primordien von oben bis zum Rand der Kultur entfernt
Lackporling, Reishi	20–28 °C	90 % .	2–3 innerhalb von 3–4 Monaten	Fruchtkörper können nach Ernte getrocknet werden
Nameko	10–20 °C	90 % .	2–3 innerhalb von 3–4 Monaten	Frischluft, etwas Licht, Folie wird bei Erscheinen der Primordien von oben bis zum Rand der Kultur entfernt, nach erster Erntewelle Ballen 4 Stunden in Frischwasser tauchen
Pioppino	20–25 °C	90 % .	2–3 innerhalb von 2–3 Monaten	Frischluft, etwas Licht, Folie wird bei Erscheinen der Primordien von oben bis zum Rand der Kultur entfernt, nach erster Erntewelle Ballen 4 Stunden in Frischwasser tauchen
Stockschwämmchen	10–20 °C	90 %	2–3 innerhalb von 3–4 Monaten	Frischluft, etwas Licht, Folie wird bei Erscheinen der Primordien von oben bis zum Rand der Kultur entfernt, nach erster Erntewelle Ballen 4 Stunden in Frischwasser tauchen
Weißer Buchenpilz	15–18 °C	80–85 %	1–2 innerhalb von 2 Monaten	Frischluft, etwas Licht, Folie wird bei Erscheinen der Primordien von oben bis zum Rand der Kultur entfernt

Erntemenge

Die Erntemenge kann pro Pilzart und entsprechend der gelieferten Qualität der Kultur und ihrer Pflege recht unterschiedlich ausfallen. Bei Durchführung unserer Tests haben wir von einer 3-kg-Kultur Igelstachelbart 3-mal ernten können. Bei diesem Pilz gibt es immer nur ein bis maximal zwei Fruchtkörper pro Ernte. Die Fruchtkörper erreichten mehrmals ein Gewicht von bis zu 100 g, aber auch ein Fruchtkörper mit 7 g war dabei. Beim Pioppino konnten von einer 5-kg-Kultur zwei Ernten mit je 400 g (inkl. Stielen) gepflückt werden. Die dritte Ernte fiel dann deutlich geringer aus. Die erste Erntewelle von einer 3-kg-Kräuterseitlingkultur erbrachte 600 g Pilze.

Misserfolge und ihre Ursachen

Fertigkulturen werden normalerweise mit einem Reifegrad ausgeliefert, dass die ersten Pilze innerhalb von 1–3 Wochen erscheinen (vgl. Herstellerangaben). Ist das nicht der Fall, so kontrollieren Sie, ob die Ansprüche der jeweiligen Pilzart erfüllt sind, insbesondere Temperatur und Luftfeuchte. Prüfen Sie generell bei

Anlieferung, ob die Kultur noch frisch und vital wirkt und kein Fremdschimmel erkennbar ist (grün-blau oder orange-rötlich). Vielleicht hat sie auf dem Weg zu Ihnen doch gelitten, zum Beispiel durch zu viel Wärme beim Transport. Unschön ist es, wenn schon deformierte Pilze unter der Folie wachsen.

Diese Fehlentwicklungen können auf Fertigkulturen vorkommen:

Unförmige Seitlinge: Entwickeln die normalerweise in kompakten Trauben wachsenden Seitlinge eher kleine oder trichterförmige Hüte und lange dünne Stiele, so ist meist eine erhöhte CO_2-Konzentration die Ursache. Wenn es für diese Ernte nicht schon zu spät ist, schafft Lüften Abhilfe. Diese etwas staksigen Pilze können trotzdem gegessen werden.

Stehen die Kulturen in einem schlecht gelüfteten Raum eher unten, so müssen diese höher aufgestellt werden, denn CO_2 ist schwerer als Luft und sinkt nach unten. Den Raum temporär zu lüften, reicht dann nicht aus.

Vertrocknete Pilze: Sind die Pilze nicht so ansehnlich, wie man sie erwartet, sondern eher blass, klein und sehr fest, so kann es sein, dass sie während des Wachstums ausgetrocknet sind. Das kann passieren, wenn die Umgebungstemperatur entweder zu warm oder auch zu kalt ist. So fruchtet und gedeiht der Limonenseitling zwischen 20 und 24 °C. Ist es deutlich kühler, dann wachsen die Pilzbüschel so langsam heran, dass sie dabei vertrocknen. Ist es manchem Pilz zu warm und ist die Luft dann auch noch zu trocken, so passiert ähnliches: Die Pilze vertrocknen beim Wachsen und die Farbe verblasst.

Keine zweite Erntewelle: Handelt es sich um Pilzarten, bei denen nach Kulturanleitung der Hersteller eine zweite Ernte zu erwarten ist, die Kultur aber eventuell überhaupt nicht gefruchtet hat oder nach der ersten Erntewelle nicht mehr fruchten will, kann eine Art Schockbehandlung durch viel Frischluft und Temperaturveränderung helfen: So können Sie beispielsweise die Kultur im Garten an einem vor Schnecken geschützten Platz etwas schattiert aufstellen. Es darf sich jedoch kein Regenwasser im Beutel sammeln.

Abb. 127 Austernpilze mit langen Stielen.

Abb. 128 Vertrocknete Limonenseitlinge auf Fertigkultur.

Nameko und Stockschwämmchen vertragen das komplette Entfernen der Folie nach der ersten Ernte recht gut, sodass Sie ihnen gerne Bodenkontakt geben können. Das Entfernen der Folie hat auch den Vorteil, dass Staunässe vermieden wird. Wenn es nicht gerade Hochsommer ist, kann ein guter Platz zum Aufstellen auf einem Hochbeet unter einem Blätterdach sein. Auch ein Verlagern der Kultur, beispielsweise des Igelstachelbartes, im Herbst ins Gewächshaus, möglichst in einen schattigen Bereich, kann noch eine gute Fruchtung auslösen. Im Winter empfiehlt sich eine Veränderung der Temperatur durch Raumwechsel.

Fliegenbefall: Im Laufe der Kulturzeit können irgendwann Trauermücken (*Lycoriella auripila*) auftreten, das sind die kleinen Fliegen, die auch auf Blumenerde zu finden sind. Sie besiedeln das Substrat, vermehren sich leider darin und fressen im Inneren daran. Je älter die Kultur ist, desto weniger lässt sich ein Befall vermeiden. Im Gewächshaus gibt es ein paar Gegenspieler, zum Beispiel Spinnen, die den Befall verringern können. Es kann auch helfen, Gelbtafeln aufzuhängen. Wenn Sie über einen längeren Zeitraum immer wieder Kulturen zu Hause aufstellen, sollten Sie den Raum dafür wechseln oder eine mehrwöchige Pause einlegen. Nach Verbrauch können Sie die Kulturen gut kompostieren, aber vorher sollten Sie sie zerkleinern, sodass sie rasch durchtrocknen und sich die Fliegen nicht weiter darin vermehren können.

Schimmelbefall: Sind bei Lieferung schon Schimmelspuren (grün- bis bläulich oder orange-rötlich) in der Kultur erkennbar, so sollte diese gleich beim Lieferanten reklamiert werden.

Tritt nach einer Ernte starker Schimmel auf, so ist die Umgebung zu feucht und vielleicht auch zu warm, denn Grünschimmel tritt eher bei Wärme auf. Zur Vermeidung von Grünschimmel ist es wichtig, die Pilze immer sauber mit einem Messer vom Substrat abzuschneiden. Es sollen keine Pilzreste am Substrat bleiben.

Pilzfarmen, die die Fertigkulturen in großen Mengen abernten und die Pilze in den Handel bringen, vermeiden durch saubere Kulturräume mit kontrollierten Zugängen, Lichtfallen und manchmal auch Nützlingen oder Insektiziden einen Insektenbefall. Da die erste Ernte üblicherweise die größte ist, ernten sie die Ballen meist nur einmal ab und vermeiden so auch Schimmel- oder Bakterienbefall. Darüber hinaus entsorgen sie die alten Kulturen in ausreichender Entfernung von den Kulturräumen. Außerdem werden die Kulturräume regelmäßig gewechselt und desinfiziert, zum Beispiel mit Heißdampf.

Abb. 129 Gesunde und ertragreiche Kulturen vom Südlichen Ackerling (*Pioppino*) in einer Pilzfarm.

Kräuterseitling

Wissenschaftlicher Name: *Pleurotus eryngii*
Synonym: Königsausternseitling
Internationale Bezeichnung: King oyster mushroom

Der Kräuterseitling hat seit ein paar Jahren neben dem Shiitake einen wahren Siegeszug im Frischpilzhandel in Deutschland angetreten. Seine schöne und auch spaßige Pilzform macht neugierig. Seine Konsistenz wird häufig als steinpilzartig bezeichnet. Er wird sogar frisch importiert aus Asien, insbesondere Südkorea.

Der Kräuterseitling ist kein holzbewohnender Pilz. Sein Name kommt nicht daher, dass er nach Kräutern schmeckt oder mit Kräutern zu würzen ist, sondern weil er parasitisch an Staudenwurzeln, insbesondere von Doldenblütlern, erscheint, also scheinbar auf „Kraut" wächst. Natürliches Verbreitungsgebiet verschiedener Varietäten sind Südeuropa sowie Türkei, Iran und Nordafrika.

Aussehen

Zuchtformen des Kräuterseitlings können etwa 5–10 cm lang sein. Der weiß bis cremefarbene bauchige Stiel kann mehrere Zentimeter dick werden und ist übergangslos zentral oder exzentrisch mit dem graubraunen Hut verwach-

Abb. 131 Tag 1: Primordien Kräuterseitling.

Abb. 132 Tag 5: Kräuterseitling im Wachstum.

Abb. 130 Kräuterseitling, Nahaufnahme.

Abb. 133 Tag 7: Erntereifer Kräuterseitling.

Abb. 134 Kräuterseitling in Scheiben.

sen. Der Hutrand ist etwas eingerollt und leicht wellig. Die Lamellen laufen weit am Stiel herab und sind netzartig querverbunden. Frische Lamellen sind weiß, bei zunehmender Reife verfärben sie sich gelblich bis orange. Das Sporenpulver ist weiß. Die Fruchtkörper besitzen ein festes und weißliches Fleisch.

Anbau im Haus

Ein Herstellen eigener Substrate, wie es für Austernpilze gelingt, ist für diesen anspruchsvollen Pilz kaum möglich. Um den Kräuterseitling zu Hause zu ernten, sind die von Pilzfarmen hergestellten Fertigkulturen deshalb die erste Wahl.

Es empfiehlt sich, den Kräuterseitling nur außerhalb des Hochsommers anzubauen, denn er darf nicht zu warm stehen. Die Raumtemperatur soll am besten zwischen 12–15 °C liegen, auch ist Frischluft ist erforderlich. Die relative Luftfeuchte sollte mindestens 60 % betragen, besser sind 80–85 %.

Wenn die Kulturen geliefert werden, sind eventuell schon sogenannte Primordien gewachsen. Das sind Vorstufen zur Bildung von Fruchtkörpern. Sind diese deutlich erkennbar, so ist es Zeit, die Beutel am oberen Rand der Kultur abzuschneiden, um den Pilzen Platz zu schaffen.

Die Primordien brauchen nun etwa 10 Tage, um zu erntereifen Pilzen heranzuwachsen. Es ist normal, dass sich aus vielen, aber nicht aus allen Primordien die Fruchtkörper entwickeln. Geerntet werden die Pilze, wenn der Hut noch waagerecht steht, und am besten, bevor sie aussporen. Haben sie doch schon feines Sporenpulver gebildet, so sollten sie innerhalb von 1 bis 2 Tagen verzehrt werden. Nicht mehr ganz frische Kräuterseitlinge sind auch an der Farbe der Lamellen zu erkennen, diese werden mit der Zeit dunkler. Auch die Stiele können Sie prüfen: Sind sie noch fest, fleckenfrei oder bekommen sie leicht Druckstellen? Solche Pilze sollten Sie immer unmittelbar und nur gut durcherhitzt verzehren. Einwandfreie Pilze dagegen können im Kühlschrank mehrere Tage gelagert werden.

Wenn Sie die Kultur weiterhin feucht und kühl halten, kann nach ein paar Wochen noch eine zweite Erntewelle heranwachsen. Die Primordien erscheinen meist im unteren Bereich der Kultur unter der Folie. Dort können Sie die Folie stellenweise entfernen.

Beim Kräuterseitling ernten und verwerten Sie den Pilz mitsamt Stiel. Dieser wird mit einem scharfen Messer von der Kultur abgeschnitten. Wenn Sie die einzelnen Pilze bei Zubereitung in feine Längsscheiben schneiden, bleibt die sehr ansprechende Pilzform erhalten.

Igelstachelbart

Wissenschaftlicher Name: *Hericium erinaceus*
Synonym: Pompom Blanc, Affenkopfpilz
Internationale Bezeichnung: Monkey's head, Lion's mane mushroom

Der Igelstachelbart ist ein seltener Pilz, der in Mitteleuropa als Wundparasit an älteren Laubbäumen, zumeist Eichen und Buchen, wächst. Er ist sowohl an stehenden, als auch an liegenden alten Baumstämmen und Stümpfen zu finden. Der Pilz wächst bevorzugt in Wäldern mit hoher Luftfeuchtigkeit. In Deutschland ist der Igelstachelbart sehr zerstreut, jedoch in fast allen Bundesländern mindestens einmal nachgewiesen.

Da die Oberfläche des Igelstachelbarts recht feinfaserig und weich und deshalb druckempfindlich ist, ist der Pilz wenig transportfähig. Sicherlich ist das auch ein Grund, warum er als Frischpilz kaum im Handel zu finden ist.

Aussehen

Der Igelstachelbart ist ein Pilz ohne Lamellen und ohne ausgeprägten Stiel. Der meist vereinzelte Fruchtkörper wächst seitlich aus dem Substrat. Er ist jung eventuell leicht rötlich, später beigefarben bis weiß und kann Größen von bis zu 30 cm erreichen. Die Oberseite ist faserig aufgerissen. Meist an einer Seite befinden sich weiche, dicht stehende Stacheln als Ersatz für die Lamellen. Diese Stacheln werden bis zu 2–5 cm lang und 1,5–2 mm dick. Sie bilden sich erst recht spät mit zunehmender Reife der Fruchtkörper aus. Das Sporenpulver ist weiß. Das Fleisch ist weißlich und besitzt eine zähe, etwas faserige Konsistenz. Bei einem aufgeschnittenen Igelstachelbart erinnert die innere Struktur mit kurzem Strunk und Verästelungen ein wenig an einen kompakten Blumenkohl.

Anbau im Haus

Ein Herstellen eigener Substrate unter nichtsterilen Bedingungen ist für diesen anspruchsvollen Pilz kaum möglich. Ähnlich wie beim Kräuterseitling sind die von Pilzfarmen hergestellten Fertigkulturen deshalb die erste Wahl. Beachten Sie auch deren mitgelieferte Anleitungen.

Abb. 135 Igelstachelbart auf Fertigkultur.

Abb. 136 Aufgeschnittener Igelstachelbart.

Es empfiehlt sich, den Igelstachelbart nur außerhalb des Hochsommers anzubauen, denn auch er darf nicht zu warm stehen. Die Raumtemperatur soll am besten zwischen 14 °C und 18 °C betragen. Die relative Luftfeuchte sollte bei 80–85 % liegen, mit möglichst wenig Luftzug, jedoch ist auch Frischluft erforderlich. Die Kulturen werden üblicherweise in geschlossenen Folienbeuteln geliefert. Falls der obere Teil des Beutels locker nach oben steht, rollen Sie diesen Teil zusammen und fixieren ihn mit Klebeband auf der weiterhin geschlossenen Kultur. Anschließend schneiden Sie mit einem scharfen Messer 3–4 kreuzförmige Schlitze von 2–3 cm Länge in die Folie um die Kultur herum. Bald beginnen die ersten Fruchtkörper aus den Öffnungen zu wachsen und können nach etwa 8–14 Tagen geerntet werden.

Nachdem Sie die Pilze plan mit einem scharfen Messer entlang der Folie abgeschnitten haben, kleben Sie die abgeernteten Schlitze wieder zu. Die Kultur kann nun ein paar Tage ruhen, bis sich meist an zwei bis drei anderen Stellen kleine Wölbungen für die nächste Erntewelle ausbilden. Um die Primordien nicht zu verletzten, schneiden Sie dort sehr vorsichtig flächige Öffnungen um diese Pilzansätze herum aus. Eine dritte Erntewelle gelingt vielleicht noch je nach Jahreszeit (vgl. „Keine zweite Erntewelle“ Seite 139).

Anbau im Garten

Leider lässt sich der Igelstachelbart nur schwer im Garten anbauen. Er wächst in der Natur zwar an Laubholz, dennoch gelingt der Anbau auf Stämmen nicht sicher. Man muss viel Geduld mitbringen und mehrere Versuche unternehmen. Zu empfehlen ist hierbei die Bohrlochmethode auf Stämmen von Eiche, Buche, Ahorn sowie Nuss- und Apfelbaum mit Durchmessern um die 20 cm. Sie können Stämme von bis zu 100 cm Länge nach der Durchwachsphase auch liegend eingraben.

Verwendung, Lagerung, Konservierung

Zur Zubereitung wird der Fruchtkörper in flache, mundliche Stücke geschnitten und in Butter oder Öl angebraten. In Scheiben geschnitten kann der Pilz auch paniert und wie ein vegetarisches Schnitzel zubereitet werden. In der Konsistenz ähnelt er Meeresfrüchten.

Ästiger Stachelbart

Wissenschaftlicher Name: *Hericium coralloides*
Synonym: Frieseepilz, Buchenstachelbart
Internationale Bezeichnung: Coral tooth fungus

Gelegentlich wird auch dieser enge Verwandte des Igelstachelbartes als Frischpilz im Handel oder vielleicht sogar als Fertigkultur angeboten. Dieser heimische Pilz hat ebenso wie sein Verwandter ein großes Verbreitungsgebiet in naturnahen Buchenwäldern Mitteleuropas, ist jedoch nur selten zu finden. Er steht unter Naturschutz und wurde von der DGfM zum Pilz des Jahres 2006 gekürt.

Aussehen

Die Ähnlichkeit mit dem Igelstachelbart ist nicht zu übersehen, jedoch verzweigt sich ein dicker Strunk dieses Fruchtkörpers in immer feinere Äste und wirkt dadurch nicht kompakt, sondern sehr locker und luftig. Seine Wuchsform erinnert an die von Korallen. Oftmals erreicht der Pilz mehr als 20 cm im Durchmesser. Seine Sporen bilden sich an den Ästen.

Abb. 137 Ästiger Stachelbart.

Buchenpilz

Wissenschaftlicher Name: *Hypsizygus tessulatus*
Synonym: Buna Shimeji für die braune Form, Bunapi-Shimeji für die weiße Form
Internationale Bezeichnung: Buna-Shimeji, Enokitake (japanisch)

Der Buchenpilz ist bisher wenig bekannt in Deutschland. Es gibt ihn in braun oder weiß. In Asialäden und gelegentlich auch Gemüseabteilungen wird er in Büscheln mit eher kleinen Hüten angeboten. Meist ist diese Ware aus Korea importiert. Der Pilz wird dort und in Japan in den letzten Jahren vermehrt in Kunststoffflaschen angebaut. Die Pilze wachsen dann als Büschel aus dem Flaschenhals heraus. Eine Kultivierung auf Holzstämmen im Garten ist bisher nicht so recht belegt.

Aussehen

Der Weiße Buchenpilz ist weiß bis cremefarben. Die Hüte des braunen Buchenpilz können auch tupfenartig gefleckt sein. Buchenpilze wachsen als Büschel an langen, festen Stielen. Seine Hüte können in Abhängigkeit von Zuchtformen sehr klein (1 cm) oder deutlich größer (bis 5 cm) sein. Es gibt sogar Zuchtformen mit kleinen „Krönchen" auf dem Hut. Die Lamellen und die Sporen sind je nach weißem oder braunem Typ entsprechend hell oder dunkel. Die Pilze riechen leicht nach Anis.

Anbau im Haus

Um Buchenpilze zu Hause zu ernten, sind die von Pilzfarmen hergestellten Fertigkulturen gut geeignet. Die Raumtemperatur zum Fruchten soll am besten zwischen 15 °C und 18 °C liegen. Die relative Luftfeuchte sollte mindestens 60 % betragen, besser sind 80–85 %.

Wenn die Kulturen geliefert werden, sind vielleicht schon Primordien gewachsen. Sind diese deutlich erkennbar, so ist es Zeit, die Beutel am oberen Rand der Kultur abzuschneiden, um den Pilzen Platz zu schaffen. Meist ist nur eine Erntewelle möglich.

Verwendung, Lagerung, Konservierung

Bei Buchenpilze werden die Stiele mitverwendet. Geerntet werden die Pilze, wenn die Hüte noch leicht eingerollt sind. Größere Exemplare können als Einzelpilze mit Stiel geerntet werden. Bei den kleinen Zuchtformen werden die ganzen Trauben am besten mit etwas Substrat geerntet. Damit die Büschel nicht auseinanderfallen, entfernen Sie das Substrat erst später bei der Zubereitung. Schneiden Sie bei kleinen Exemplaren Hut und Stiel nicht auseinander, damit die Pilze beispielsweise in Suppen gut erkennbar bleiben und ansprechend aussehen. Die Pilze bleiben beim Erhitzen angenehm fest.

Abb. 138 Weißer Buchenpilz.

Abb. 139 Brauner Buchenpilz.

Mykorrhiza-Pilze

Der größte Wunsch vieler Pilzfreunde ist der Anbau von Steinpilzen und Pfifferlingen. Diese beiden Arten zählen aber zu den Mykorrhiza-Pilzen, die in Symbiose mit höheren Pflanzen leben, einer sehr komplexen Lebensgemeinschaft.

Es gibt kaum Waldbäume, deren Seitenwurzeln nicht von einem dichten Pilzmyzel umsponnen sind. Die Hyphen des Pilzes verbessern die Wasser- und Nährstoffaufnahme des Baumes. Als Gegenleistung erhält der Pilz vom Baum verschiedene organische Verbindungen, z.B. Zuckerverbindungen, die er zu seiner Ernährung benötigt (Symbiose). Ohne diese Substanzen scheinen Steinpilze und Pfifferlinge keine Fruchtkörper zu bilden. Wahrscheinlich spielen hier auch Bodenbakterien eine Rolle.

Dieses hoch komplizierte ökologische System konnte bis jetzt noch nicht vollständig ergründet, geschweige denn unter Laborbedingungen simuliert werden. So ist auch der Anbau von Steinpilzen und Pfifferlingen trotz gelegentlicher Meldungen für den Hobbybereich leider noch in weiter Ferne.

Trüffel

Wissenschaftlicher Name: *Tuber aestivum* var. *uncinatum*
Synonym: Burgundertrüffel, Sommertrüffel (stellvertretend für weitere Arten, s. u.)
Internationale Bezeichnung: Burgundy truffle, Summer truffle

Im Folgenden werden Speisetrüffeln der Gattung *Tuber* beschrieben. Burgundertrüffel oder Sommertrüffel (*Tuber aestivum var. uncinatum*) und verwandte Arten, z.B. Wintertrüffel *(Tuber brumale*, winter truffle) und Périgordtrüffel (*Tuber melanosporum,* black truffle) sind auch Mykorrhiza-Pilze. Aber schon im vorletzten Jahrhundert wurden bei ihr erste Schritte zur Halbkultur unternommen. Man kann den Pilz zwar nicht allein ziehen, wohl aber zusammen mit seinem Symbiosepartner. Bei der Trüffel kommen hier insbesondere Buche, Eiche und Haselnuss infrage.

Halbkultur von Trüffeln

Zunächst grub man an besonders guten Trüffelplätzen Eichensämlinge aus und verpflanzte sie. Nachdem die Wurzeln der Bäumchen meist schon von Pilzmyzel umsponnen waren, konnten nach einigen Jahren am neuen Standort wieder Trüffeln geerntet werden. Oder man entnahm gut „tragenden“ Eichen einfach kleine Wurzelstücke und steckte diese zwischen die Wurzeln von Eichen- oder Haselnusssämlingen.

Trüffelbaumschulen sind inzwischen in der Lage, junge Baumsetzlinge zu produzieren, die mit der jeweilige Trüffelart beimpft wurden, um so die entsprechende Mykorrhiza zu erzeugen. Nach etwa 6 Monaten bis 1 Jahr Gewächshauskultur kann der Erfolg überprüft werden: Zeigen die Wurzeln der Setzlinge keulenförmige Verdickungen, hat sich die Mykorrhiza gut entwickelt. Wenn man die Bäumchen anschließend an einem Standort auspflanzt, dessen Boden- und Klimaverhältnisse für das Trüffelwachstum geeignet sind, kann 6–10 Jahre später mit der ersten Ernte gerechnet werden. Viele Trüffelarten lieben kalkhaltigen Boden und geschützte Lagen. Saure, staunasse Bereiche meiden sie.

In Deutschland heimische Trüffelarten sind insbesondere die Burgundertrüffel (Tuber aestivum var. uncinatum), Wintertrüffel (Tuber brumale) und Frühlingstrüffel (Tuber borchii).

Abb. 140 Burgundertrüffel.

Die Périgordtrüffel (Tuber melanosporum) benötigt ein deutlich wärmeres Klima.

Wer sich ein Trüffelgehölz in den Garten setzen oder sogar eine größere Fläche anlegen möchte, sollte auch schon darüber nachdenken, wie die unterirdischen Knollen gefunden werden sollen. Zwar können Sie selbst auch Glück haben und eine Trüffel im Boden finden. Zu diesem Zweck werden jedoch normalerweise konditionierte Hunde, Schweine oder auch Katzen eingesetzt, die die Trüffel aufspüren können. Aber es braucht auch die menschliche Erfahrung, den richtigen Reifegrad und somit die erforderliche Qualität zu bestimmen.

Mykorrhiza fördert Wachstum

In der Forstwirtschaft ist es schon länger üblich, Jungpflanzen mit Mykorrhiza-Pilzen zu beimpfen. Bei Kiefernsämlingen wird oft der Körnchenröhrling (*Suillus granulatus*) verwendet, der ein besonders kräftiges Myzelwachstum zeigt. Sicherlich zum Erstaunen vieler Pilzliebhaber interessieren sich die Forstleute hierbei nicht etwa für die zu erwartende Röhrlingsernte, sondern vor allem für das durch die Mykorrhiza ungemein gesteigerte Wachstum der Setzlinge und den höheren Holzertrag.

Gestaltung eines Pilzgartens

Sicherlich sind viele Gärten heute deutlich kleiner als frühere Nutzgärten. Trotzdem: Platz für Pilze findet sich bestimmt auch im „Kleinstgarten".

Abb. 141 Ein Pilzbeet im Schatten von Bäumen und Sträuchern.

Schatten

Gerade in neu angelegten Gärten fehlt noch der für den Pilzanbau notwendige Schatten durch höhere Bäume und Sträucher. Deswegen müssen Hobbykultivateure aber nicht gleich verzagen: Ein Schutzdach, das etwa 50 cm über Strohballen, Kisten, Pilzbeeten, beimpften Baumstämmen und -stümpfen aus Holz, Schilf oder Stroh errichtet wird, macht sogar unter praller Sonne den Pilzanbau möglich. Auch der Schatten einer Pergola, an der Kletterpflanzen wie die Waldrebe oder selbst Stangenbohnen emporragen, kann für Pilzkulturen ausgenutzt werden.

Optimale Verhältnisse finden Pilze jedoch in Gärten vor, in denen Laub- und Nadelbäume oder Obstgehölze Schatten spenden. Auch Gruppen von heimischen Sträuchern erfüllen diesen Zweck und können dazu ein sehr schönes Bild abgeben.

Zu den empfehlenswerten Arten gehören: Hasel (*Corylus avellana*), Eingriffeliger Weißdorn (*Crataegus monogyna*), Seidelbast (*Daphne mezereum*), Pfaffenhütchen (*Euonymus europaea*), Liguster (*Ligustrum vulgare*), Heckenkirsche (*Lonicera xylosteum*), Schlehe (*Prunus spinosa*), Gemeiner Flieder (*Syringa vulgaris*), Wolliger Schneeball (*Viburnum lantana*) und Gemeiner Schneeball (*Viburnum opulus*).

Schön zu kombinieren: Beerenobst und Pilzkulturen

Pilzanbau kann gut mit Beerenobstanbau kombiniert werden. Beerensträucher, auch in Form von Hochstämmchen oder Spalieren, sind gute Schattenspender und bevorzugen gemulchte Böden. Dieses kommt dann den Pilzen zugute, die sich auch der Mulchmaterialien als Nahrung bedienen können und durch deren Zersetzung für eine gute Humusbildung sorgen.

Pflanzen Sie Beerenobst, zum Beispiel Himbeeren, in Reihen, so können Sie mit mehr Reihenabstand als üblich zwischen den Beeren auch Pilzkulturen anlegen. Werden Kulturträuschlinge dort ausgebracht, so können Sie einen schmalen Graben ausheben, ihn mit Stroh oder Schreddergut und Pilzbrut füllen und dann wieder etwas Erde als Deckschicht darüber setzen. Allerdings können Schnecken in diesem flächigen, nicht immer gut zu kontrollierenden Freilandanbau eventuell zum Problem werden.

Möchten Sie zwischen den Sträuchern geimpfte Holzstämme einsetzen, so empfehlen sich dafür Pilzarten, die eher zu Jahreszeiten fruchten, in denen nur wenige oder keine Schnecken unterwegs sind, zum Beispiel Taubenblauer Austernpilz oder Samtfußrübling (Winterpilz). Geeignet ist auch das Stockschwämmchen, denn es wird von den Schnecken eher verschont.

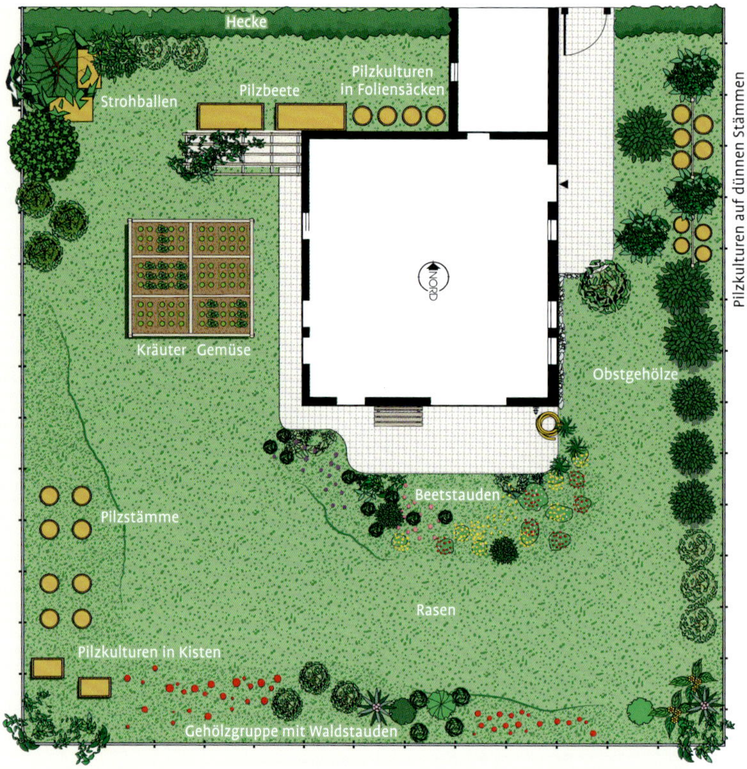

Skizze 14 Plan eines Hausgartens mit Pilzkulturen.

Alle Pilzkulturen können natürlich auch innerhalb eines Schneckenzaunes angelegt werden. Für Shiitakehölzer ist dies nicht nötig, denn diese werden nicht eingegraben. Erscheinen die Shiitakepilze, so bringen Sie die Hölzer einfach für die Zeit bis zur Ernte an einen schneckenfreien Ort.

Auch die Aronia- bzw. Apfelbeere (*Aronia melanocarpa*) hat sich als gute Kombination erwiesen, denn sie soll die Pilzfliege fernhalten. Als immergrüner Strauch ist sie zudem ein ganzjähriger Wind- und Sonnenschutz für die Pilzkulturen.

Waldstauden

Unter Gehölzen oder in deren Randbereichen kann eine Kombination von Pilzhölzern mit schattenliebenden Stauden sehr malerisch wirken. Damit die Pilzhölzer gut sichtbar bleiben, sollten Sie nicht zu niedrige Pilzhölzer verwenden oder diese im Bereich niedriger Stauden oder vor (und nicht hinter) höheren Stauden einsetzen.

Längere Hölzer mit besonderer Wuchsform lassen sich liegend im vorderen Randbereich eines schattigen Bereiches halb eingraben. Schön ist es, wenn sich darauf Moos entwickelt hat.

Attraktive schattenliebende Stauden sind beispielsweise: Christophskraut (*Actaea pachypoda*), Herbstanemomen (*Anemone hupehensis* und *Anemone-Japonica*-Hybriden), Geißbart (*Aruncus dioicus*), Haselwurz (*Asarum europaeum*), Waldmeister (*Galium odoratum*), Prachtspiere (*Astilbe-Arendsii*-Hybriden, *Astilbe japonica* und andere Arten), Kaukasusvergissmeinnicht (*Brunnera macrophylla*), Waldglockenblume (*Campanula latifolia*), Silberkerze (*Cimicifuga racemosa*), Maiglöckchen (*Conval-*

laria majalis), Tränendes Herz (*Dicentra spectabilis*), Fingerhut (*Digitalis purpurea*), Schwalbenschwanzenzian (*Gentiana asclepiadea*), Leberblümchen (*Hepatica nobilis*), Funkien (*Hosta*-Arten), Beinwell (*Symphytum grandiflorum*), Falsche Alraunwurzel (*Tellima grandiflora*), Wiesenraute (*Thalictrum dipterocarpum*), Krötenlilie (*Tricyrtis hirta*) und Immergrün (*Vinca minor*).

Farne

Farne sorgen schließlich dafür, dass es im Pilzgarten fast wie im richtigen Wald aussieht: Zu den empfehlenswerten Arten gehören Venushaar (*Adianthum pedatum*), Frauenfarn (*Athyrium filix-femina*), Wurmfarn (*Dryopteris filimas*) und Becherfarn (*Matteuccia struthiopteris*). Am Gehölzrand bilden dann Primeln, Zwiebelgewächse und einjährige Sommerblumen einen schönen Abschluss.

Pilze als Projekt: „Upcycling" in Gemeinschaftsgärten

Abb. 142 Prinzessinengarten Berlin: Treffpunkt für Menschen, Pflanzen und auch Pilze.

Pilze haben auch Einzug in gemeinschaftlich genutzte Gärten und Gartenprojekte gefunden, seien es Stadtteil- oder Nachbarschaftsgärten. Auch in Schul- und Seminargärten sowie Urban-Gardening-Projekten zur nachhaltigen Nutzung von Ressourcen werden Pilzprojekte durchgeführt. Außerdem findet man Pilzanbau in Wald- und Permakulturgärten.
An Pilzen können gemeinsam Prinzipien und Projekte ausprobiert und gelernt werden, zum Beispiel zum „Upcycling" von Restmaterialien wie Kaffeesatz (Seite 54).
Auch für Zwischennutzungen sind Pilzkulturen geeignet. Pilze auf Strohballen können gut für einen Sommer gezogen oder in Kisten und Säcken angebaut werden, die auch mit umziehen können.

Pilzbrut selber herstellen

Diese Frage wird häufig gestellt: Ist es möglich, von Stämmen oder Substraten Myzel zu entnehmen und daraus Pilzbrut herzustellen?

Das ist leider nicht möglich, denn das Myzel aus den Kulturen ist nie so rein und vital, wie es für eine Vermehrung erforderlich ist. Was an den Oberflächen der Kulturen erscheint, ist meist schon angetrocknet, nicht mehr vital und kann Bakterien oder Schimmel aufweisen. Auch eine Entnahme aus dem Inneren einer Kultur empfiehlt sich nicht. Auch dort können dem Myzel schon Verunreinigungen anhaften.

Um das Myzel einer gewünschten Kulturpilzart von hoher Qualität herzustellen, werden einem jungen gesunden und möglichst frischen Fruchtkörper Gewebestücke entnommen, wie eine Art Steckling bei Pflanzen – das sogenannte Klonen. Diesen und weitere wichtige Arbeitsschritte der Pilzbrutherstellung überlassen sogar Erwerbspilzanbauer in der Regel Spezialbetrieben. Dort zieht man in sterilen Laborräumen Myzelien von Kulturpilzarten als Reinkulturen heran und überträgt diese auf Getreidekörner.

Für den Hobbypilzanbauer kommt dieser Aufwand natürlich nicht infrage. Wer jedoch experimentierfreudig ist und Interesse an diesem mikrobiologischen Themenfeld hat, kann auch mit primitiveren Methoden Brut herstellen. Es ist dann auch möglich, Arten zu kultivieren, deren Brut sonst kaum erhältlich ist, oder sogar mit dem Anbau wenig erforschter Wildpilzarten zu experimentieren.

Tipp

Bevor Sie sich an die eigene Brutherstellung heranwagen, sollten Sie noch folgende Aspekte bedenken: Erstens müssen Sie auch für die einfacheren Methoden noch einige Geräte anschaffen oder selbst bauen. Zweitens wird es bei dieser einfachen Arbeitsweise immer wieder zu ärgerlichen Misserfolgen kommen.

Ein einfaches Pilzbrutlabor

Zunächst sollten Sie sich überlegen, wo ein passender Arbeitsplatz eingerichtet werden könnte. Der Raum muss sauber und leicht zu reinigen sein. Wichtig ist eine staubfreie Umgebung, denn Staub ist eine der Hauptquellen für Infektionen. Aus diesem Grund ist Durchzug ebenfalls ungünstig.

Für die Brutherstellung brauchen Sie folgende Gerätschaften:

- Impfkiste, auch Impfbox genannt, noch besser Glove-Box (beide Kisten können Sie auch selbst herstellen)
- Seziernadel, Skalpell, Pinzette, Impfhaken
- Petrischalen mit fertigem Malzextrakt-Agar (können steril verpackt gekauft werden)
- Elektrische Kochplatte
- Bunsen- oder Spiritusbrenner
- Desinfektionsmittel wie Sagrotanmed

Vieles davon ist in Fachgeschäften für Laborbedarf erhältlich. Aus der Küche brauchen Sie noch einen großen Schnellkochtopf, Kochherd, Alufolie, Einmachgläser (Weckgläser, Volumen etwa 1 l).

Von der Reinkultur zur Brut

Um Brut herzustellen, benötigen Sie zuerst einmal Myzel der gewünschten Kulturpilzart als Reinkultur. Am besten erreichen Sie das durch Klonen. Dafür brauchen Sie einen jungen gesunden und möglichst frischen Fruchtkörper: Wird ein Stück Pilzgewebe auf einen passenden Nährboden übertragen, wächst aus ihm bald feiner Myzelflaum. Als Nährboden ist Malzextrakt-Agar geeignet. Zu diesem Zweck können Sie Petrischalen mit einer Agar-Schicht fertig kaufen.

Abb. 143 Petrischale mit Austernpilzmyzel.

Steriles Arbeiten

Bevor Sie mit der Arbeit beginnen, sollten Sie das Brutlabor gründlich reinigen und vor allem die Impfkiste mit Sagrotanmed oder 80 %igem Spiritus desinfizieren. Da jeder Luftwirbel Keime mitreißt, sollten Sie dann hastige Bewegungen vermeiden und an den Kulturen überlegt und zügig arbeiten. Wichtig ist auch, die Geräte wie Pinzette, Skalpell, Seziernadel, Impfhaken, Glasöffnungen und Stöpsel vor jedem Arbeitsgang zur Sterilisierung mehrmals durch die Flamme des Brenners zu ziehen. Von den sterilen Petrischalen mit Nährböden werden die Deckel nie ganz entfernt, sondern zum Einbringen der Gewebestücke nur auf einer Seite kurz angehoben. Alle Arbeiten werden in der Impfkiste vorgenommen.

Gewebestücke auslegen

Den Pilz waschen Sie zuerst mit Wasser und desinfizieren ihn dann durch Eintauchen in einer Sagrotanlösung. Mit dem Skalpell wird er halbiert, aus seiner Mitte mit der Seziernadel kleine Gewebestücke entnommen und 3–4 davon in die Mitte einer Nährbodenplatte gesetzt. Die Petrischalen stellen Sie nun bei Zimmertemperatur auf. Wenn steril gearbeitet wurde, breitet sich nach einigen Tagen weißer Myzelflaum vom Gewebestück aus. Das Myzel des Kulturpilzes soll den Nährboden ohne Verunreinigungen besiedelt haben. Hat sich das

Abb. 144 Zwei Petrischalen, eine kontaminiert mit Schimmel.

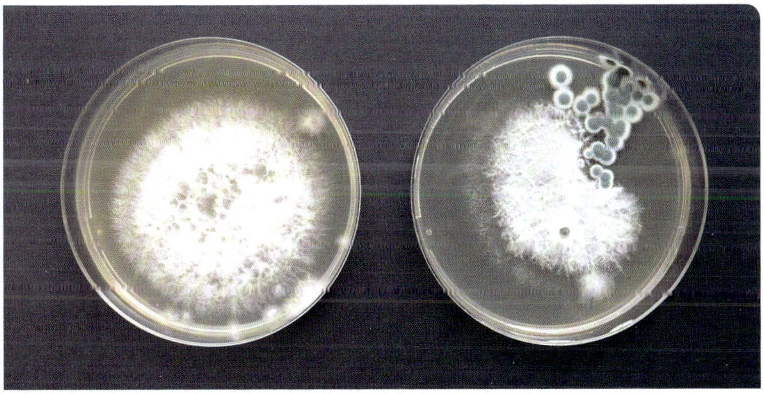

Myzel nach 2–3 Wochen über die ganze Nährbodenplatte ausgebreitet, so ist der schwierigste Teil der Reinkulturherstellung geschafft.

Leider können aber auch graue, grüne bzw. rote Schimmelpilze oder schleimige Bakterienkolonien erscheinen. Solche befallenen Schalen sind nicht mehr zu gebrauchen und gehören in den Abfall.

Brutherstellung

Zur Brutherstellung benötigen Sie Getreide, etwa Roggen oder Hirse. Das Getreide wird 24 Stunden lang gewässert und anschließend in einem Autoklav oder einem Schnellkochtopf sterilisiert. Dazu füllen Sie die Weckgläser etwa zu ¾ mit den Körnern und dann mit Wasser auf, bis das Wasser etwa 0,5 cm unter der Getreide-Füllhöhe sichtbar ist. Nach den 24 Stunden sollte der Wasserpegel nur 0,5 bis 1 cm über dem Boden stehen. Der Großteil des Wassers ist vom Getreide aufgenommen worden. Auf die Weckgläser kommen Alufolie und der Deckel. So vorbereitet werden die Gläser im Schnellkochtopf etwa 1 Stunde sterilisiert.

Nach dem Abkühlen werden in jedes Glas mithilfe einer Präpariernadel 3–4 Stücke des myzeldurchwachsenen Agar-Nährbodens übertragen, wieder in der sauberen Impfkiste. Zur besseren Verteilung des Myzels schütteln Sie die Gläser anschließend vorsichtig mit geschlossenem Deckel. Bei Zimmertemperatur sollen die Körner nach etwa 3 Wochen mit sichtbarem Myzel durchwachsen sein. Sie können nun zum Impfen von Stämmen oder Substraten verwendet oder im Kühlschrank noch einige Zeit gelagert werden.

Sie können die Körnerbrut auch wieder zum Beimpfen von Körnern verwenden. Dieser Vorgang sollte aber nicht öfter als 4-mal wiederholt werden, da das Myzel sonst meist zu degenerieren beginnt und seine Vitalität verliert.

Ungeübte müssen bei der Brutherstellung sicher erst einmal ordentlich Lehrgeld bezahlen. Mit einiger Übung stellen sich aber dann auch ansehnliche Erfolge ein.

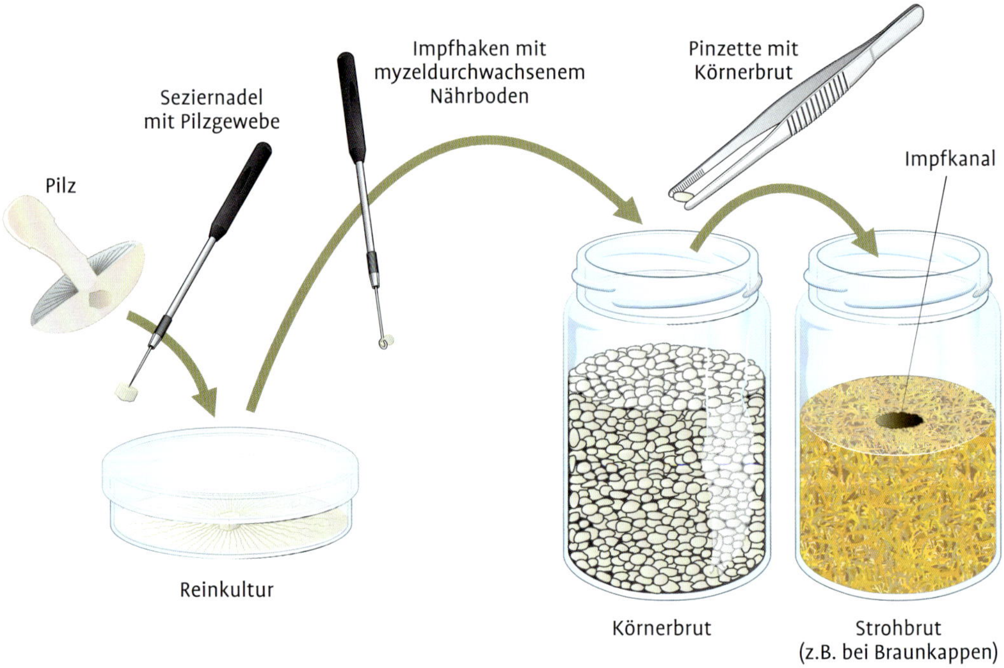

Skizze 15 Schema der Pilzbrutherstellung.

Hinweise zum gewerblichen Pilzanbau

In vielen Ländern Europas gibt es Pilzfarmen, die Frischpilze produzieren. Meist haben die Betriebe sich auf wenige Pilzarten spezialisiert.

Manche Farmen bauen zum Beispiel ausschließlich Champignons an. Andere dagegen sind Experten für Kräuterseitlinge, Shiitake oder andere Pilze, die man auf Holz- und Strohsubstraten anbauen kann und die in diesem Buch vorgestellt werden.

In Deutschland wurden im Jahr 2020 um die 85.100 Tonnen Pilze produziert. Der Champignon ist dabei der Spitzenreiter mit 81.000 Tonnen. Kräuterseitling, Austernseitling (einschließlich Limonenseitling u.a.) und Shiitake bilden die weiteren 4.000 Tonnen. Eine kleine Menge von 100 Tonnen pro Jahr besteht aus „Exoten" wie z.B. Pioppino, Igelstachelbart und Nameko.

Der Anbau des Kräuterseitling hat sich von 2014 bis 2020 deutlich gesteigert.

Im Jahr 2014 lag die Produktion bei ca. 1000 Tonnen pro Jahr, bis 2020 wurde die Produktionsmenge auf ca. 2.400 Tonnen erhöht.

Frischpilze werden auch aus den benachbarten Ländern wie Niederlande oder Polen nach Deutschland importiert. Dazu kommt der Import von Kräuterseitlingen und Buchenpilzen aus Südkorea. (Quelle: Ulrich Groos, BDC und HLP)

Pilzanbau auf Substraten in klimatisierten Räumen

Nur wenige Betriebe erledigen alle Arbeitsschritte von der Brutherstellung bis zur Ernte und dem Vertrieb der Speisepilze. Es gibt Hersteller, die geimpfte Substrate an andere Betriebe ausliefern, in denen diese aufgestellt und abgeerntet werden. Das ist ein gangiger Weg, um einen Pilzzuchtbetrieb aufzubauen, man erspart sich lange und schwierige Aufbau- und Entwicklungsphasen in der Substratherstellung und einen Teil der Betriebstechnik. Das Kultivieren der bereits geimpften Substrate an sich stellt schon eine Herausforderung dar: Um eine möglichst große Ernte zu erzielen, ist eine Klimasteuerung (Luftfeuchte, Luftzusammensetzung – etwa CO_2-Gehalt –, Temperatur und Licht) in den Anbauräumen erforderlich. Für eine kontinuierliche Produktion sind außerdem mehrere solcher Räume nötig.

> **Tipp**
>
> Wenn Sie in den gewerblichen Pilzanbau einsteigen wollen, sollten Sie bei der Suche nach einem passenden Lieferanten von Beginn an sicherstellen, dass die Substrate zuverlässig lieferbar sind und die Liefermengen bei Bedarf gesteigert werden können.

Gerade im gewerblichen Pilzanbau sind Hygienemaßnahmen sehr ernst zu nehmen. Räume mit hoher Luftfeuchte sind auch Lebensraum für Schimmel oder Bakterien. Erfahrungsgemäß kann der Pilzanbau auf Substraten zunächst recht reibungslos laufen. Leider zeigt die Praxis, dass in den Kulturräumen über einen längeren Zeitraum der Anteil von Schadorganismen wie Schimmel oder Bakterien ansteigen kann. In Ritzen, auf rauen Wänden oder Fußböden setzen diese sich fest und befallen dann möglicherweise auch die Substrate oder Fruchtkörper.

Kulturräume müssen also gut zu reinigen sein. Ein altes Gebäude oder Keller mit rauen Wänden, Ecken oder Nischen oder Holzbalken ist nicht geeignet. Die Wände müssen glatt und abwaschbar sein. Auch muss Wasser vom Bo-

Abb. 145 Substratmischer in einer Pilzfarm.

Abb. 146 Substrate in einer Pilzfarm wachsen durch, das Myzel ist schon erkennbar.

den abfließen können. Außerdem ist der Einbau einer, am besten computergesteuerten, Luftfilteranlage mit Temperaturkontrolle erforderlich.

Eine weitere Überlegung gilt natürlich auch dem Marketing und Verkauf der Pilze. Welche Kunden können Sie gewinnen? Welche Mengen werden sie abnehmen? Betriebswirtschaftliche Aspekte, die hier nicht weiter dargestellt werden können, dürfen natürlich auch nicht vernachlässigt werden.

Wenn Sie sich dafür interessieren, eine Pilzfarm zu gründen, schauen Sie sich nach Möglichkeit andere Betriebe an. Vielleicht gibt es in einem Betrieb in Ihrer Nähe einen Tag der offenen Tür?

Auch der Kontakt zu Landwirtschaftskammern und Berufsverbänden kann enorm weiterhelfen. In Deutschland sind der Bund Deutscher Champignon- und Kulturpilzanbauer (BDC e.V.) und die Hessische Landesfachgruppe Pilzanbau (HLP) wichtige Adressen.

Der BDC ist ein berufsständischer Zusammenschluss der Speisepilzerzeuger für den Erwerbsanbau. Er vertritt und berät seine Mitgliedsbetriebe in Anbau- und Umweltbelangen oder zu betriebswirtschaftlichen Themen.

Die HLP ist trotz ihrer regionalen Bezeichnung ein europäisches Netzwerk von Pilzproduzenten und Pilzfachleuten.

Beide Fachvereine bieten informative Veranstaltungen an. Vor allem der jährlich an unterschiedlichen Orten stattfindende Hessische Pilztag mit Betriebsbesichtigungen ist eine wichtige Plattform zum Austausch und zur Weiterbildung. Darüber hinaus werden internationale Fachexkursionen angeboten.

Tipp

Wenn Sie sich in den professionellen Pilzanbau einarbeiten, so dokumentieren Sie alle Versuche und Arbeitsschritte so genau wie möglich, damit Sie Erfolge und Misserfolge zuverlässig auswerten können.

Pilzanbau auf Holzstämmen

Wenn Sie im Nebenerwerb eine Pilzzucht aufbauen möchten und ein Außengelände nutzen können, so empfehlen wir Ihnen, Shiitakekulturen auf Holzstämmen anzulegen. Möglicherweise haben Sie einen Hofladen, in dem Sie diese hochwertigen Pilze anbieten können? Wenn Sie Austernpilzkulturen auf Holzstämmen anbauen, erzielen Sie deutlich weniger Gewinn, da Austernpilze viel günstiger als Shiitake auf dem Markt angeboten werden.

Der Anbau von Shiitake auf Holzstämmen gelingt leicht und die Fruchtkörperbildung ist planbar durch das Eintauchen der Hölzer (vgl. „Shiitake“ Seite 80). Vom späten Frühjahr bis in den Spätherbst und eventuell sogar bis Weihnachten kann geerntet werden.

Wichtig sind Schattendächer, die aber Regen durchlassen, beispielsweise aus Schilfmatten. Darüber hinaus müssen die Stämme mit einer Anlage beregnet werden und ein Becken zum Tauchen der Hölzer muss in der Nähe sein. Bewährt haben sich Betonbecken mit Wasserzu- und -ablauf und abschraubbaren Eisenbändern, die die Stämme unter Wasser fixieren.

Stehen Räume zur Verfügung, in denen Sie bedenkenlos für ausreichende Luftfeuchtigkeit sorgen können, so können Sie einen Teil der Hölzer auch darin kultivieren, wenn es draußen zu warm oder zu kalt ist.

Die Wintermonate, in denen gutes Holz zu bekommen ist und vielleicht andere Arbeiten ruhen, können dazu genutzt werden, Stämme zu impfen. Die Stämme können nach der Impfung in so einem Raum auch durchwachsen.

Abb. 147 Schattiger Pilzgarten.

Abb. 148 Frische Pilze aus eigenem Anbau sind herrlich aromatisch.

Pilze genießen

Der richtige Erntezeitpunkt

Frischpilze aus dem Supermarkt sind leider nicht immer frische Pilze: Es zeigt sich immer wieder, dass auch verdorbene Ware angeboten wird.

Alljährlich vor Beginn der Waldpilzsaison informieren Verbraucherschützer und Fachvereine wie etwa die Deutsche Gesellschaft für Mykologie (DGfM) darüber, wie man erkennt, ob selbst gesammelte oder gekaufte Pfifferlinge oder andere Marktpilze noch frisch und genießbar sind.

Es kann im Extremfall durch den Verzehr verdorbener Pilze zu einer sogenannten unechten Pilzvergiftung kommen, die eigentlich eine Lebensmittelvergiftung ist. Auswirkungen können Übelkeit und Erbrechen sein.

Sie sollten also auch immer beachten, wann Sie die Pilze von Ihren Kulturen ernten. Sie werden bald selbst einen Blick dafür bekommen, wann der beste Erntezeitpunkt ist. Hier jedoch ein paar Hinweise dazu: Pilze sollen dann geerntet werden, wenn der Hutrand noch leicht eingerollt ist. Mit zunehmender Reife wächst der Pilzhut in die Horizontale, um sich wie ein umgeklappter Regenschirm sogar nach außen zu wölben.

Spätestens dann sporen die Pilze auch aus. Das erkennen Sie an feinem Pulver, das auf den Lamellen und den benachbarten Hüten und Stielen liegt. Je nach Pilzart ist es weiß bis braun oder fast schwarz. Das Aussporen ist für den Verzehr unproblematisch, bedeutet aber, dass die Pilze über den optimalen Erntezeitpunkt hinausgewachsen sind.

Auch weil die Witterung Einfluss auf die Qualität der Pilze haben kann, kommt es immer auf den Gesamteindruck der Fruchtkörper an: Wirken diese insgesamt noch frisch? Sind die Lamellen noch makellos und trocken oder sind sie verklebt und matschig? Haben sie noch ihre ursprüngliche Farbe oder sind sie fleckig oder nachgedunkelt? Gibt es unschöne Flecken auf den Hüten? Riechen die Pilze angenehm? Sind sie trocken und fühlen sich fest an, was ein gutes Zeichen ist, oder fühlen sie sich, auch in Teilen, eher schon weich an, sind sie eventuell sogar schon matschig?

Beachten Sie auch, dass Sie Pilze, die im Büschel wachsen, auch büschelweise ernten. Wenn Sie vermeintliche Nachzügler noch stehenlassen, so wachsen diese nicht mehr weiter.

Abb. 149 Verdorbene Austernpilze aus dem Supermarkt, direkt nach Kauf fotografiert.

Abb. 150 Erntezeitpunkt erkennen: links etwas zu früh, rechts etwas zu spät.

Pilze lagern

Frische, noch nicht überreife, saubere und nicht zu feuchte Pilze können im Kühlschrank einige wenige Tage gelagert werden (Ausnahme: Schopftintling). Geschlossene Dosen können Sie mit Küchenpapier auslegen, die Pilze darauf legen und noch ein Stück Küchenpapier oben in die Dose legen. Die Pilze sollen locker liegen (kein Druck). Das Küchenpapier nimmt überschüssige Feuchtigkeit auf und sollte täglich ausgewechselt werden. Alternativ können Sie die Pilze in einem luftdurchlässigen Gefäß, einer Papiertüte oder im Kühlschrank lagern.

Gerade Austernpilze können während der Lagerung einen weißlichen Flaum auf den Hüten bilden, der an Käse-Schimmel wie auf einem Camembert erinnert. Besonders schnell wächst dieses sogenannte Sekundärmyzel, wenn Pilze feucht gelagert werden, zum Beispiel ein paar Tage in einem Plastikbehälter. Solange dieser Myzelflaum appetitlich weiß ist und der Fruchtkörper unbeschadigt und frisch riecht, können Sie ihn abwischen oder ignorieren.

Handelt es sich um eine „verregnete" Ernte und die Pilze sind stark mit Wasser vollgesogen, sind sie nicht mehr lagerbar. Sie sollten bis zum nächsten Tag verzehrt werden. Zum Antrocknen oder Dörren sind solche Pilze nicht geeignet. Beim Erhitzen wird viel Wasser austreten und Sie sollten diese Pilze etwas länger garen, bis so viel Flüssigkeit wie gewünscht verdampft ist.

Tipp

Frische Pilze lassen sich auch einfrieren, geputzt und in Stücke geschnitten wie später benötigt. Sie kleben im gefrorenen Zustand zusammen und lassen sich nicht portioniert entnehmen. Frieren Sie also besser mehrere kleine Portionen ein statt einer großen. Die Pilze können dann im gefrorenen Zustand in den Topf und müssen nicht extra aufgetaut werden.

Pilze trocknen

Eine alte Methode, Pilze zu konservieren ist das Trocknen. Die Pilze gewinnen so deutlich an Aroma. Dazu putzen Sie die Pilze sauber und schneiden größere Exemplare in Scheiben. Für eine schnelle Trocknung, die Insektenbefall verhindert, können die Pilze statt an der Luft effektiv im Backofen oder im Dörrapparat getrocknet werden.

Im Backofen belegen Sie einen oder zwei Roste mit Küchenpapier, breiten die vorbereiteten Pilze darauf aus und trocknen diese bei 50 °C. Wichtig: Die Feuchtigkeit muss entweichen können, lassen Sie also die Tür einen Spalt offen und klemmen nötigenfalls einen Kochlöffelstiel in die Tür.

Abb. 151 Pilze in Scheiben im Dörrapparat.

Tipp

Lufttrocknen: Falls Sie eine reiche Ernte noch nicht sofort verarbeiten wollen, können Sie insbesondere Shiitake, Stockschwämmchen und Pioppino bis zum Verzehr am nächsten Tag gut an der Luft antrocknen. Das verstärkt ihr Aroma. Dafür entfernen Sie gleich nach Ernte Verunreinigungen und harte Stiele, vereinzeln die Pilze und lagern sie luftig auf Küchenpapier oder einem Gitterrost bei gelegentlichem Wenden. Sehr große Shiitakeexemplare sollten Sie unbedingt vierteln oder in Scheiben schneiden.
Diese Methode ist nur geeignet für Pilze, die nicht überständig sind und noch keine Makel wie Druckstellen, matschige Lamellen oder Befall durch Insekten aufweisen.

Auch ein Dörrapparat bietet sich wunderbar an. Die Pilze sind fertig, wenn Sie sie zerbrechen können.

Nach dem Abkühlen geben Sie die getrockneten Pilze in fest verschließbare Gläser und lagern diese dunkel und kühl. Achtung: Trockenpilze sind empfänglich für Lebensmittelmotten. Kontrollieren Sie die Vorräte ab und zu.

Pilze im Handel: Welcher Pilz ist das?

Pilze im Handel haben manchmal zwar wohlklingende Namen, weichen damit aber von den offiziellen Namen ab, die im Lebensmittelbuch mit der sog. Verkehrsbezeichnung festgelegt sind. So verbirgt sich hinter der "Samthaube" im Handel eigentlich der Südliche Ackerling (*Agrocybe aegerita*) und beim "Kastanienseitling" handelt es sich korrekterweise um den Lungenseitling (*Pleurotus pulmonarius*). Das "Goldkäppchen" ist der Nameko (*Pholiota nameko*).
Eine Hilfe für eine Zuordnung wären auch die lateinischen Namen. Diese müssen leider nicht auf Verpackungen (Konserven, Trockenpilze usw.) genannt werden, was jedoch manchmal für uns Verbraucher hilfreich wäre.

Rezepte

Hinweise zu den Rezepten

Die Rezepte sind, wenn nicht anders angegeben, für vier Personen berechnet. Viele Rezepte sind vegetarisch. Andere können durch Weglassen von Fleisch oder tierischen Produkten als vegetarische oder vegane Variante oder mit veganen Zutaten zubereitet werden. Hier noch einige Hinweise zu den Pilzarten:

- In den Rezepten wird nicht unterschieden zwischen den verschieden Seitlingsarten bis auf den Kräuterseitling. Stärkeren Eigengeschmack haben Limonenseitling und Rosafarbener Seitling. Es lohnt sich also, diese zumindest zum Kennenlernen nicht mit anderen Pilzen zu vermischen.
- Die anderen *Pleurotus* Arten wie Austernpilz (-seitling), Sommerseitling, Taubenblauer Seitling und Ulmenseitling unterscheiden sich wenig in Geschmack und Konsistenz und können für die Rezepte gleichwertig eingesetzt werden.
- Shiitake und die kleinen büschelartigen Pilze wie Stockschwämmchen haben von sich aus ein kräftiges Aroma. Diese sollten Sie daher nicht unbedingt miteinander mischen.
- Um Suppen oder Soßen geschmacklich zu intensivieren, können Sie zu sämtlichen Austernpilzen zusätzlich Trockenpilze oder Pilzpulver dazugeben, auch „artfremdes“, insbesondere vom Steinpilz oder Shiitake.

> **Tipp**
>
> Getrocknete Pilze werden vor dem Verarbeiten mindestens 1, besser 2–3 Stunden in Wasser eingeweicht. Das Einweichwasser können Sie auch verwenden. Zum Braten sind eingeweichte Pilze nicht geeignet.

Pilze putzen und vorbereiten: Pilze werden nicht gewaschen, sie würden sich mit Wasser vollsaugen. Sie werden ja auch als „Schwammerl“ bezeichnet. Verunreinigungen können Sie mit Küchenpapier feucht oder trocken abwischen, Schadstellen herausschneiden.

Die Pilze sollen immer angenehm riechen und nicht moderig oder streng. Pilze mit farbigem Flaum, mit nässenden oder fauligen Stellen und einem strengen, gammeligen Geruch müssen entsorgt werden.

Bei den kleinen waldpilzartigen Arten wie Stockschwämmchen, Nameko und Pioppino schneiden Sie die Stielenden unten am Büschel ab, um Substratreste und Verunreinigungen zu entfernen. Bei den Austernpilzen ist der Übergang vom Stiel zu den Hüten fließend. Hier kann das zähere Stielende rundlich aus der Pilztraube herausgeschnitten werden. Bei den zart wachsenden Limonenseitlingen können Sie große Teile des Stieles mitverwenden. Beim Shiitake dagegen entfernen Sie die recht harten Stielenden.

Beim Shiitake und auch beim Kräuterseitling ist es optisch sehr ansprechend, wenn Sie diese in Längsstreifen schneiden, da auch nach Erhitzen die typische Pilzform aus Hut und Stiel erkennbar bleibt. Pilze brauchen nicht geschält werden.

> **Tipp**
>
> Pilze sollen immer erhitzt werden, das macht sie verträglicher. Lediglich der Champignon kann in kleinen Mengen, zum Beispiel im Salat, auch roh verzehrt werden.

Aufwärmen von Pilzgerichten: Fertige Pilzgerichte können wegen ihres hohen Wasser- und Eiweißgehalts ungekühlt leicht verderben. Wenn Sie die Gerichte nach dem Zubereiten rasch abkühlen und sie gut verschlossen im Kühlschrank lagern, sind sie auch am nächsten Tag noch zu verbrauchen, müssen aber vor Verzehr noch einmal sehr gut durcherhitzt werden.

Rezept 1

Asiatischer Glasnudelsalat mit Shiitake

Für die Zutaten lohnt ein Besuch im asiatischen Lebensmittelladen. Dort gibt es die Glasnudeln, die Sojasprossen und bestimmt sogar das Koriandergrün. Dieses ist nicht jedermanns Geschmack, daher eventuell erst einmal vorsichtig im Salat dosieren.

- 50–100 g frische Judasohr oder Mu-Err-Pilze (wenn nur getrocknet verfügbar, ca. 5–10 Pilze einweichen)
- 200 g frische Shiitake
- 1 kleine rote Paprikaschote
- 150 g Sojasprossen aus dem Glas
- 1 Bund Koriandergrün
- 100 g Glasnudeln
- 1 EL Butter
- 2 cm frische Ingwerwurzel
- 3 EL Sojasoße
- 2 EL milder Reisessig (oder anderer Essig)
- 2 EL Sesamöl
- Salz
- Pfeffer

Die Pilze putzen und in schmale Streifen schneiden. Die Paprikaschote waschen, von den Kernen befreien und klein würfeln. Sojasprossen in ein Sieb geben, abspülen und abtropfen lassen. Koriander waschen, abzupfen und fein hacken.

Die Glasnudeln in eine Schüssel geben, mit kochendem Wasser übergießen und 10 min ziehen lassen. Anschließend die Nudeln in einem Sieb abtropfen lassen und mit einer Schere klein schneiden.

Butter in einer Pfanne erhitzen und die Pilze ca. 10 min lang kräftig anbraten. Herausnehmen und abkühlen lassen.

Pilze, Paprika, Sojasprossen und Glasnudeln und in eine Schüssel geben und vermischen.

Den Ingwer schälen und auf einer feinen Reibe reiben. Mit der Sojasoße, Essig, Sesamöl, Salz und Pfeffer gut verrühren. Die Soße über den Salat geben und kurz durchziehen lassen.

Wenn Sie keine Reibe für den Ingwer haben: Ingwer in feinste Stücke schneiden und mit den anderen Soßenzutaten 1–2 h durchziehen lassen.

Rezept 2

Essigpilze

Geeignet für alle Pilzarten, auch gemischt. Optisch ansprechend ist es, eher kleine Fruchtkörper zu verwenden und diese ganz zu lassen. Größere Pilze müssen kleingeschnitten werden. Essigpilze halten sich einige Monate und können als Antipasti oder in kleinen Mengen in Salaten verwendet werden.

- 1 kg frische Pilze
- ½ l Weißweinessig
- 1 Tasse Wasser
- 3 Lorbeerblätter
- 20 Pfefferkörner
- 10 Pimentkörner
- 2 EL Senfkörner
- 1–2 Peperoni
- 1 EL Zucker
- 1 TL Salz
- 20 Perlzwiebeln

Die geputzten Pilze 10 min in Wasser kochen, herausnehmen und in saubere Gläser füllen.

Restliche Zutaten ins Wasser geben und 30 min lang zu einem kräftigen Sud aufkochen. Den heißen Sud in die Gläser gießen, die Pilze müssen immer bedeckt sein. Mit Deckeln fest verschließen. Gläser kühl und dunkel lagern.

Abb. 152 Das Einlegen in Essig ist eine leckere Variante um Pilze haltbar zu machen.

Rezept 3

Panzanella mit Austernseitlingen oder Igelstachelbart und Rucola

Panzanella ist ein italienischer Brotsalat. Das geröstete Brot und die Pilze sind eine leckere Kombination für eine leichte Mahlzeit. Auch eine vegane Variante ist möglich durch Ersetzen der Butter durch Speiseöl und das Weglassen von Parmesankäse.

- 150 g Chiabatta vom Vortag (oder 6 Scheiben Vollkorntoast)
- 250 g Austernseitlinge oder Igelstachelbart
- 200 g Kirschtomaten
- 3 EL Butter
- 3 EL Olivenöl
- 1–2 Handvoll Rucola
- 1 Schalotte
- 1 Knoblauchzehe
- 20 g Parmesan

Für das Dressing:

- 3 EL Olivenöl
- 2 EL Weißweinessig
- Salz
- Pfeffer, frisch gemahlen

Austernseitlinge putzen (ggf. starke Stielansätze entfernen) und in Streifen schneiden bzw. Igelstachelbart in mundgerechte Stücke schneiden. Pilze etwa 10 min in Butter kross anbraten und zur Seite stellen.
Rucola waschen, verlesen und abtropfen lassen. Tomaten halbieren oder vierteln. Schalotte abziehen und in schmale Streifen schneiden. Knoblauchzehe schälen und pressen und mit ein wenig Olivenöl zu einer Paste vermischen.
Brotscheiben beidseitig je nach Geschmack mit etwas Knoblauchpaste und mit Olivenöl bestreichen. In der Pfanne vorsichtig von jeder Seite anrösten, damit der Knoblauch nicht verbrennt. Abkühlen lassen und in mundgerechte Stücke schneiden.
Dressing anrühren und Parmesan grob hobeln. Alle Zutaten bis auf den Parmesan in einer Schüssel mit dem Dressing vermischen und das Gericht mit Parmesan bestreuen.

Rezept 4

Salat von Rosafarbenen Seitlingen und grünen Bohnen

Sehr lecker im Sommer, wenn es frische Bohnen vom Markt oder aus dem eigenen Garten gibt.

- 300 g junge grüne Bohnen
- Salz
- 300 g Rosafarbene Seitlinge, alternativ Limonen- oder Austernseitlinge
- 2 EL Butter
- Salz
- Pfeffer
- 5 EL Olivenöl
- 2 EL Weißweinessig
- 1 EL Crème fraîche
- Salz
- Pfeffer
- 1 kleine Zwiebel
- 1 EL frische Thymianblättchen

Die Bohnen waschen und die Enden abschneiden. In Salzwasser 10–12 min garen, sodass sie noch Biss haben.
Die Austernpilze putzen, harte Stielansätze entfernen und die Pilze in Streifen schneiden. Die Butter zerlassen und die Pilzstreifen darin etwa 10 min anbraten. Mit Salz und Pfeffer würzen.
Für die Soße Öl, Essig und Crème fraîche glattrühren. Mit Salz und Pfeffer würzen. Die Zwiebel fein schneiden und die Thymianblättchen fein hacken. Unter die Soße rühren.
Bohnen und Pilze in einer Schüssel mischen und mit der Soße vermengen.

Rezept 5

Chinesische Pilzsuppe mit Glasnudeln

Dieses Rezept ist ein Grundrezept und kann in viele Richtungen variiert werden, z. B. mit Tom-Yam-Paste als thailändische Suppe (scharf) oder mit Zitrone, Zitronengras, Korianderkraut, Ingwer, Sesamöl oder einem Schuss Weißwein.

- 6 getrocknete Shiitakepilze
- 2 Karotten
- 1 Stange Lauch
- 100 g Austernpilze
- 100 g Glasnudeln
- 2 EL Öl (z. B. Erdnussöl)
- 1 l heiße Gemüsebrühe
- 2 EL Sojasoße
- Salz
- Weißer Pfeffer
- ½ TL Sambal Oelek

Die getrockneten Shiitake einen halben Tag in Wasser einweichen. Dann herausnehmen und klein schneiden.
Die Gemüse putzen, waschen und in feine Streifen schneiden. Die Austernpilze putzen, den harten Stielansatz entfernen und Pilze in Scheiben schneiden.
Das Öl in einem großen Topf erhitzen und das Gemüse, Shiitake und Austernpilze darin kurz andünsten. Brühe hinzufügen und Glasnudeln darin etwa 10 min kochen.
Mit der Sojasoße, Salz, Pfeffer und Sambal Oelek abschmecken.

Rezept 6

Pilzrahmsuppe

Ein Klassiker für die kalte Jahreszeit. Sie können auch verschiedene Pize gemischt verwenden. Haben Sie z. B. 200 g Austernpilze geerntet, so können Sie noch 200 g gekaufte Champignons dazu nehmen. Ein wenig Steinpilzpulver oder getrocknete Shiitakepilze (vorher eingeweicht) intensivieren den Geschmack.

- 400 g gemischte Pilze
- 1 EL Butter
- ¾ l Gemüsebrühe
- 200 g süße Sahne
- Salz
- Pfeffer
- 2 EL gehackte Petersilie
- 1 Knoblauchzehe
- 1 Lorbeerblatt

Pilze putzen, Knoblauchzehe schälen, beides klein schneiden und mit in der heißen Butter anbraten. Die Hälfte der Pilze pürieren. Die Gemüsebrühe und das Lorbeerblatt dazugeben und zum Kochen bringen. Die Sahne und die restlichen Pilze unterrühren und mit Salz und Pfeffer abschmecken. Mit der gehackten Petersilie oder ein paar frisch aufgeschnittenen Pilzen dekoriert servieren.

Abb. 153 Eine cremige Pilzrahmsuppe schmeckt besonders im Herbst und Winter köstlich.

Rezept 7

Shiitake-Essenz

Shiitake-Essenz ist eine sehr edle klare Suppe, die als Vorsuppe in einem Menü angeboten werden kann. Sie ist gut vorzubereiten und braucht dann nur noch erwärmt zu werden.

- 1 kg frische Shiitake, auch saubere Stiele verwendbar
- 1 TL Salz
- 1,5 l Gemüsebrühe
- 1 Lorbeerblatt
- 1 TL Sojasoße
- Frische Petersilie
- Gemüsestreifen, z. B. Möhren, Zucchini oder Fenchel, mit einem Julienne-schneider geschnitten

Die Pilze putzen und mit einem großen Messer oder einem Wiegemesser sehr fein hacken und Stiele zerkleinern. Mit dem Salz mischen und zugedeckt über Nacht im Kühlschrank ziehen lassen.
Die Brühe mit dem Lorbeerblatt zum Kochen bringen und den Shiitakebrei dazugeben. Bei schwacher Hitze etwa 1 h lang köcheln lassen.
Ein Sieb mit einem Tuch auslegen und die Flüssigkeit damit abseihen. Das im Tuch aufgefangene Pilzmus noch gründlich ausdrücken, damit der maximale Geschmack herausgeholt wird. Eventuell feine Gemüsestreifen in die Suppe geben und zum Schluss kurze Zeit mitkochen. Die Suppe mit Sojasoße abschmecken und mit frisch gehackter Petersilie garnieren.

Abb. 154 Frische Shiitake geben der Essenz einen intensiven Geschmack.

Rezept 8

Schopftintlinge mit Maltesersoße

Die Soße wird ähnlich wie Sauce hollandaise warm aufgeschlagen und die Zubereitung erfordert viel Aufmerksamkeit. Die Soße darf niemals aufkochen, da sonst das Ei stockt.

- 500 g Schopftintlinge
- 3–4 EL Butter
- Salz

Maltesersoße:
- 250 g Butter
- 3 Eigelb
- 1 EL Zitronensaft
- Saft einer Blutorange
- Salz
- Frisch gemahlener Pfeffer

Schopftintlinge der Länge nach einmal durchschneiden. Butter zerlassen, Pilze zugeben, salzen, etwa 5 min braten, dabei wenden und dann warmstellen.
Für die Soße Butter schmelzen und wieder abkühlen lassen. In einer Schüssel im Wasserbad (max. 80 °C) Eigelb, Salz, Pfeffer und Zitronensaft schaumig schlagen. Die nur noch handwarme Butter vorsichtig zur Eimasse geben und aufschlagen. Zum Schluss mit dem Schneebesen den Blutorangensaft unterziehen.
Sofort zu den Schopftintlingen servieren. Sollte die Soße beim Schlagen gerinnen, schnell ein paar Tropfen Eiswasser zufügen und rasch aufschlagen.

Rezept 9

Schwedische Pilzsoße

Diese Soße passt gut zu Salzkartoffeln und zu Schweinemedaillons oder einem vegetarischem Filet.
Wer die vegetarische bzw. vegane Variante bevorzugt, lässt die Schinkenwürfel weg.

- 250 g Pilze, bevorzugt Pioppino, Shiitake, Stockschwämmchen oder Champignons, auch gemischt
- 2 EL Butter
- 2 EL Mehl
- 1 Glas Rotwein
- ¼ l Brühe
- 1 Petersilienwurzel
- 50 g Sellerieknolle
- 2 Karotten
- 4 EL Schinkenwürfel
- 1 Glas Madeira (Likörwein)
- Zitronensaft
- 1 Prise Zucker
- Salz
- Pfeffer

Pilze putzen und in kleine Stücke schneiden. Petersilie fein hacken. Sellerie und Karotten klein würfeln. Mehl in der geschmolzenen Butter anschwitzen, mit dem Rotwein ablöschen und glatt rühren. Mit der Brühe aufgießen.
Sellerie, Karotten sowie ggf. die Schinkenwürfel und Pilze untermischen und 25 min köcheln lassen. Anschließend in einem Mixer leicht zerkleinern und durch ein Sieb streichen. Die fein gewiegte Petersilie und den Madeira unterrühren. Mit Zitronensaft, Zucker, Salz und Pfeffer abschmecken.

Rezept 10

Austernpilz-Kartoffel-Gratin

Der Klassiker aus dem Ofen, hier als Variation mit Pilzen.

- 800 g Kartoffeln
- Salz
- 500 g Austernpilze oder Champignons
- 1 EL Butterschmalz
- Salz
- Pfeffer
- 250 ml Sahne
- 2 Eier
- 50 g geriebener Parmesankäse
- 1 Knoblauchzehe, ausgepresst
- 1 TL Thymian
- 1 Bd. Schnittlauch

Abb. 155 Austernpilze oder Champignons eignen sich hervorragend für ein Gratin.

Kartoffeln schälen, in Scheiben schneiden und in Salzwasser 10 min kochen, dann abgießen. Austernpilze putzen, in Streifen schneiden und in Butterschmalz gut anbraten, sodass austretende Flüssigkeit verdampft. Am Ende salzen und pfeffern.
Ofen vorheizen auf 180 °C.
Sahne mit Eiern, Käse, Knoblauch, Salz, Pfeffer und Thymian verquirlen. Schnittlauch in Röllchen schneiden und unterrühren.
Die Hälfte der Kartoffelscheiben in eine gefettete Auflaufform verteilen. Pilze darauf legen und mit den restlichen Kartoffelscheiben abdecken.
Eiersahne darüber gießen und das Gratin im Backofen etwa 20 min goldgelb backen.

Rezept 11

Austernpilze mit Schmand

Dieses Rezept ist leicht zuzubereiten und schmeckt wunderbar zu Salzkartoffeln und gedünstetem Gemüse wie Brokkoli oder Blumenkohl.

- 250 g Austernpilze
- 1 EL Öl zum Anbraten
- 200 g Schmand
- 1 Bd. Petersilie
- Salz
- Pfeffer
- 1–2 EL Weißwein

Austernpilze putzen, in Streifen schneiden, in Öl ca. 5 min anbraten und dann bei geschlossenem Deckel ca. 5 min weiter garen.
Petersilie fein hacken. Schmand unterrühren. Mit Salz und Pfeffer abschmecken und mit dem Weißwein verfeinern.

Rezept 12

Gefüllte Pfannkuchen mit Austernpilzen

Den Pfannkuchenteig eine halbe bis ganze Stunde vor Zubereitung der Pilzfüllung ruhen lassen.

- 1 Zwiebel
- 1 Knoblauchzehe
- 400 g Pilze, am besten Austernpilze (alle Arten), Kulturträuschlinge oder Champignons
- ½ Bund frische Petersilie
- 100 g Bergkäse
- 1 EL Butter
- 125 g Sahne
- Salz
- Pfeffer
- 100 g Mehl
- ¼ l Wasser
- Salz
- 3 Eier
- Öl

Aus Mehl, Wasser, Salz und Eiern einen Pfannkuchenteig anrühren und mind. 0,5 h ruhen lassen. Backofen auf 180 °C vorheizen.

Die Zwiebel fein schneiden, den Knoblauch hacken. Die Austernpilze putzen und den harten Stielansatz abschneiden. In kleine, mundgerechte Stücke schneiden. Die Petersilie waschen und klein schneiden. Den Käse reiben.

Einen Esslöffel Butter erhitzen und darin die Zwiebeln glasig dünsten. Den Knoblauch und die Pilze dazugeben und unter Rühren noch etwa 5 min mitbraten. Die Sahne und die Hälfte des Käses dazugeben und mit Salz und Pfeffer pikant abschmecken. Etwas abkühlen lassen und die gehackte Petersilie unterrühren.

In einer Pfanne etwas Öl erhitzen und darin 8 Pfannkuchen backen. Jeweils etwas Füllung auf einen Pfannkuchen geben und den Pfannkuchen vorsichtig zusammenrollen. Die gefüllten Pfannkuchen in eine Auflaufform legen und mit dem restlichen Käse bestreuen. Ca. 15 min backen.

Abb. 156 Überbacken sind die Pilzpfannkuchen noch leckerer.

Rezept 13

Kulturträuschling-Bratlinge

Die Bratlinge können auch mit anderen Pilzen zubereitet werden.
Sie schmecken auch kalt sehr gut,
z. B. für ein Picknick.

- 500 g Kulturträuschlinge
- 1 Zwiebel
- 2 EL Butter
- 2 Brötchen
- 1 Ei
- 2 EL Grieß
- Pfeffer
- Salz
- Petersilie (fein gewiegt)

Die Pilze putzen und ganz fein hacken oder durch den Wolf drehen. Die Zwiebeln reiben oder auch durch den Wolf drehen. Die Brötchen in Wasser einweichen und ausdrücken.
Pilze und Zwiebel in der zerlassenen Butter 10 min braten.
Die Brötchen mit den restlichen Zutaten und der Pilz-Zwiebel-Masse gut vermischen. Daraus kleine Kugeln formen und flach drücken. In Butter bei mittlerer Hitze kross braten.

Rezept 14

Panierte Pilzschnitzel vom Austernpilz, Parasol oder Igelstachelbart

Nicht Fisch noch Fleisch, sondern Pilze werden hier lecker paniert!

- 400 g möglichst große Austernpilze, Parasolhüte oder Igelstachelbart
- 1 Ei
- Salz
- Pfeffer
- 2 EL gemahlene Mandeln
- 2 EL Semmelbröseln
- 2 EL Öl
- 150 ml Naturjoghurt
- 2 EL gehackte frische Kräuter
- Zitronensaft
- Salz
- Pfeffer

Die Pilze nicht zerkleinern!
Die Austernpilze putzen und die harten Stielansätze entfernen. Parasol putzen oder Igelstachelbart in Scheiben schneiden (ca. 1,5 cm dick).
Das Ei in einem tiefen Teller verquirlen und mit Salz und Pfeffer würzen.
Mandeln und Semmelbröseln in einem tiefen Teller vermischen.
Die Pilze zuerst im Ei und dann in der Mandel-Brösel-Mischung wenden, Panade gut andrücken. In einer Pfanne das Öl erhitzen und die Pilze darin von beiden Seiten goldbraun braten. Das überflüssige Fett auf Küchenpapier kurz abtropfen lassen.
Den Naturjoghurt mit den frischen Kräutern verrühren und mit Zitronensaft, Salz und Pfeffer pikant abschmecken. Die Pilzschnitzel auf Tellern anrichten und mit der Joghurtsoße servieren.

Abb. 157 Ein wahres Festmahl, so ein Pilzschnitzel.

Rezept 15

Pilze mit Butter und Knoblauch

Eine einfache Zubereitungsart, bei der die Pilze im Vordergrund bleiben. Kann gut auf Toast gegessen werden oder Teil einer Antipasti-Platte sein.

- 500 g Austernpilze, andere Seitlinge oder weitere Pilze
- 3–4 EL Butter
- 2 Knoblauchzehen
- Petersilie
- Salz
- Pfeffer

Pilze putzen, große Hüte halbieren oder Pilze in dicke Scheiben schneiden. Butter in einer Pfanne zergehen lassen. Pilze etwa 10 min braten, zum Schluss auch zerdrückte Knoblauchzehen mitbraten. Mit Salz und Pfeffer würzen und nach Belieben mit gehackter Petersilie bestreuen.

Rezept 16

Risotto mit Pilzen

Ein Klassiker, der Aufmerksamkeit erfordert. Ausprobieren lohnt sich! Mit einigen wenigen getrockneten Steinpilzen oder etwas Steinpilzpulver wird das Gericht noch aromatischer.

- 300 g Pilze, gern auch gemischt, z. B. Austernpilze, Champignons, wenn vorhanden: getrocknete Steinpilze (2–3 Scheiben) oder 1 TL Steinpilzpulver (3–4 h vorher einweichen)
- 1 Zwiebel
- Etwas Olivenöl
- Etwas Butter
- 350 g Risottoreis
- 125 ml trockener Weißwein
- 1 l Gemüsebrühe
- Einige Stängel Petersilie, alternativ etwas Thymian
- 50 g frisch geriebener Parmesan
- Salz
- Pfeffer

Abb. 158 Sparsam dosiert, verleiht Thymian dem Risotto eine feine Note.

3–4 Stunden vorher vorbereiten: Getrocknete Steinpilze klein schneiden und in warmem Wasser einweichen. Das Einweichwasser in der Brühe mit verwenden.
Pilze putzen, in Scheiben oder Streifen schneiden. Zwiebel schälen und fein würfeln, im mittelgroßen Kochtopf in Olivenöl glasig andünsten. Risottoreis und Steinpilzstückchen bzw. Steinpilzpulver unter Rühren zu den Zwiebeln geben und kurz mitdünsten, dann mit Weißwein ablöschen. Wein verdampfen lassen und den Reis mit einem Teil der heißen Brühe aufgießen, sodass er leicht bedeckt ist.
Andere Pilze in Butter anbraten, mit Salz und Pfeffer abschmecken, einige Stücke als Garnitur zur Seite stellen. Den Reis auf kleiner Flamme unter viel Rühren quellen lassen und immer wieder von der Brühe dazu gießen, bis der Reis nach etwa 15–20 min gar ist. Eventuell noch etwas heißes Wasser dazu geben, wenn er zu sehr ansetzt.
Petersilie fein hacken. Parmesan fein reiben und mit dem Reis vermischen. Petersilie und Pilze unter den Reis heben. Auf Teller verteilen und mit Pilzen garnieren.

Rezept 17

Rührei mit Pilzen

Rührei mit Pilzen ist ein Klassiker. Alle verfügbaren Pilze können verwendet werden, denn Pilze und Ei passen geschmacklich einfach gut zusammen. Schmeckt gut zu Butterbrot oder gekochten Kartoffeln oder zum Frühstück auf Toast. Ist das Rührei nur eines von vielen Speisen auf dem Frühstückstisch, so sind 6 Eier und 200 g Pilze für 4 Personen auch ausreichend.

- 400 g Shiitake (oder andere Pilze)
- 8 Eier
- 1 Schuss Mineralwasser
- Salz
- Pfeffer
- 1 Bund Petersilie
- 2 EL Butter

Abb. 159 Auf frischem Brot ist das Rührei mit Shiitake ein herzhaftes Vesper.

Die Shiitake putzen und klein schneiden. In einer großen Pfanne die Butter erhitzen und die Shiitake unter Rühren etwa 10 min braten. Tritt viel Wasser aus, die Bratzeit verlängern. Das Wasser soll komplett verdunsten.
Eier und Mineralwasser verquirlen und mit Salz und Pfeffer würzen.
Die Petersilie fein hacken und unter die Eiermasse rühren, dabei etwa 1 EL zum Garnieren zurücklassen.
Die Eiermasse über die Pilze gießen und solange weiterbraten, bis die Eier gestockt sind. Mit gehackter Petersilie bestreuen und sofort servieren.

Rezept 18

Shiitake in Gorgonzolasauce

Shiitake in Gorgonzolasaue ist ein schnelles und sehr einfaches Gericht, das dennoch sehr raffiniert schmeckt. Statt Gorgonzola können Sie auch andere Blauschimmelkäse verwenden.

- 300 g Shiitake
- 100–150 g Gorgonzola
- 1 EL Öl zum Anbraten
- 350–400 g Hartweizennudeln, z. B. Rigatoni oder Penne

Die Pilze putzen und in dünne Streifen schneiden. In einer Pfanne mit etwas Öl ca. 10 min anbraten. Pilze in der Pfanne zur Seite schieben, sodass Platz für den Käse ist.
Nudeln kochen.
Den Käse würfeln und in die Pfanne geben. Bei mittlerer Hitze schmelzen lassen, dabei etwas rühren. Den Schmand dazugeben und gut mit Pilzen und Käse vermischen.

Rezept 19

Shiitake-Lauch-Quiche

Die Quiche kann warm oder kalt serviert werden. Sie ist gut geeignet für einen Brunch oder ein kaltes Buffet.

- 200 g Weizenmehl
- 150 g Magerquark
- 80 g weiche Butter oder Margarine
- ½ TL Salz
- 400 g Shiitake
- 150 g Lauch
- 1 EL Öl zum Anbraten
- 2 Eier
- 200 g Schmand
- Thymian
- Muskat
- Pfeffer
- Salz

Den Backofen auf 200 °C vorheizen. Aus Weizenmehl, Quark, Butter und Salz einen geschmeidigen Teig kneten und eine halbe Stunde kühl stellen. Pilze putzen. Lauch putzen, längs aufschneiden, gründlich waschen und mit dem zarten Grün in feine Ringe schneiden.

Die Pilze in etwas Öl 5–8 min andünsten, Lauch dazugeben und noch etwas mitbraten. Die Pfanne vom Herd nehmen und etwas abkühlen lassen. Schmand und Eier verquirlen, mit den Gewürzen abschmecken und zu den Pilzen geben.

Den Boden einer Springform (Durchmesser 26 cm) fetten. Den Teig ausrollen, in die Springform geben und einen Rand von 1,5 cm Höhe formen. Mit einer Gabel Löcher in den Teig stechen. Die Pilzmasse auf dem Teigboden verteilen und die Quiche etwa 30 min backen.

Rezept 20

Spaghetti Asia Shiitake

Gelingt leicht, auch eine vegane Variante ist möglich durch Weglassen der Austernsoße.

- 400 g Spaghetti extra dünn
- Salz
- 200 g frische Shiitake
- 1 rote Paprika
- 4 Lauchzwiebeln
- Frische Ingwerknolle, ca. 3 cm lang
- 1 EL Sojasoße
- 1 EL Austernsoße (nicht vegetarisch)
- 0,5–1 Dose Kokosmilch (400-ml-Dose)
- 1 EL Öl zum Anbraten
- Pfeffer, frisch gemahlen

Abb. 160 Spaghetti lassen sich auch asiatisch servieren.

Von den Shiitakepilzen die Stiele entfernen und die Hüte in feine Scheiben schneiden (ca. 0,5 cm dick). Die Scheiben in einer Pfanne mit wenig Öl ca. 10 min auf kleiner Flamme anbraten.
Ingwer schälen und in feine Streifen schneiden. Die Pilze aus der Pfanne nehmen, mit Ingwer, Soja- und Austernsoße mischen und zur Seite stellen. Für eine vegetarische bzw. vegane Rezeptvariante bleibt die Austernsoße einfach weg.
Die Spaghetti mit Salz kochen und abgießen.
Bei der Paprika Stiel und Kerngehäuse entfernen, die Paprika in kleine Würfel schneiden und mit wenig Öl ca. 10 min auf kleiner Flamme dünsten.
Lauchzwiebeln putzen. Weiße Teile in Stangen zu 3–4 cm schneiden, die Zwiebelenden in Ringe schneiden. Beides die letzten 2 min zur Paprika geben und mitdünsten. Die grünen Teile in Ringe schneiden.
Sobald Paprika mit Lauchzwiebeln und Spaghetti fertig sind, diese in einer großen Schüssel (oder im Nudeltopf) mit den Pilzen und der Kokosmilch gut vermischen. Verwenden Sie eine halbe Dose Kokosmilch, zieht diese gut ein, verwenden Sie die ganze Dose, so wird das Gericht umso cremiger.
Mit frisch gemahlenem Pfeffer würzen.
Zum Garnieren die grünen Lauchzwiebelringe darüber streuen. Bei Bedarf noch zusätzlich mit Soja- und Austernsoße abschmecken.

Abb. 161 Shiitake-Fertigkultur.

Service

Zum Nachlesen

Englbrecht, J. (1987, 2004): Pilzanbau in Haus und Garten. Verlag Eugen Ulmer, Stuttgart.

Krämer, N & Grimm, J. (2002): Shiitake und Austernpilze – Anbau im eigenen Garten, Vegetarische Rezepte. Pala Verlag, Darmstadt.

Lelley, J. (1991): Pilzanbau – Biotechnologie der Kulturspeisepilze. Verlag E. Ulmer, Stuttgart.

Schmidt, W. E. (2009): Anbau von Speisepilzen – Kulturverfahren für den Haupt- und Nebenerwerb. Verlag E. Ulmer, Stuttgart.

Schuldes, B.M. & Lanceata, S. (1999): Das Pilz-Zuchtbuch. Verlag Werner Pieper & The Grüne Kraft, Löhrbach

Bezugsquellen

Pilzbrutversand Krämer, Nicola Krämer
Pilzbrut, Gartenbedarf, Schneckenzäune
www.shii-take.de

Lehr Bio Speisepilzkulturen
Fertigkulturen
www.lehr-speisepilzkulturen.de

Silke Friedrich
Trüffelanbau: Beratung, Verkauf von Trüffelgehölzen
www.trueffelbaumschule.de

Fabian Sievers
Trüffelanbau: Beratung, Verkauf von Trüffelgehölzen
www.leinebergland-trueffel.de

Pilzgarten GmbH
Pilzfarm, biozertifiziert (großes Sortiment, beliefert nur Einzelhandel und Gastronomie)
www.pilzgarten.de

Infos im Netz

Informationsseiten und Pilzporträts einschl. Anleitungen zum Download:
www.shii-take.de (deutschsprachig) und www.shiitake-shop.de (englischsprachig).

Internetforum zur Speisepilzzucht
„Das Forum zur erfolgreichen Pilzzucht"
www.kulturpilz.de

Internetforum zu Pilzen
Pilzbestimmung und Pilzzucht
www.pilzforum.eu

Deutsche Gesellschaft für Mykologie e. V. (DGfM)
Die DGfM vertritt als gemeinnützige Organisation die Interessen von Mykologen und Pilzfreunden in Deutschland, sie schafft den Rahmen für Qualifikationen (wie z. B. Pilz-Coach, Pilzsachverständiger) und wählt den Pilz des Jahres.
www.dgfm-ev.de

Hessische Landesfachgruppe Pilzbau (HLP)
Netzwerk von Pilzproduzenten und Pilzfachleuten, Vereinigung zur Förderung der Pilzproduktion
www.pilzbau.de

Bund Deutscher Champignon- und Kulturpilzanbauer (BDC) e. V.
Verbraucherinformationen zu Speisepilzen, Rezepte
www.gesunde-pilze.de und
www.der-champignon.de

VSP Verband Schweizer Pilzproduzenten in Kooperation mit BDC e. V. und HLP
www.pilzrezepte.ch

Wikibooks – Detailierte Information zur Brutherstellung mit Petrischalen:
de.wikibooks.org/wiki/Pilzanbau

Wikibooks – Brutherstellung mit Petrischalen:
upload.wikimedia.org/wikibooks/de/c/ce/Pilzzucht.pdf

Liste der Giftnotrufzentralen und Giftinformationszentren
in Deutschland, Österreich und Schweiz:
www.bvl.bund.de

Giftinformationszentrum-Nord: Tel: 0551/192 40 (24 Stunden erreichbar)

Rezeptverzeichnis

Register

Bildquellen

Nicola Krämer mit freundlicher Genehmigung der Firma Pilzgarten GmbH Helvesiek: Abb. 145, 146
Rita Lüder: Abb. 98
mauritius images: Abb. 7, 148 152
Michael Moxter/OKAPIA: Abb. 104
Heike Schmidt-Röger: Abb. 151
Gerhard Schuster: Abb. 16, 44, 69, 96, 103, 118, 120, 121, 161
Anna Shepulova/Shutterstock.com: Abb. 156
Chachamp/Shutterstock.com: Abb. 154
janken/Shutterstock.com: Abb. 47
Martin Turzak/Shutterstock.com: Abb. 159
MariaKovaleva/Shutterstock.com: Abb. 158
ShineTalay1109/Shutterstock.com: Abb. 160
Senata/Shutterstock.com: Abb. 153
Fabian Sievers, www.leinebergland-trueffel.de: Abb. 140
StockFood/PhotoCuisine/Garcia,Jordi: Abb. 155
StockFood/Katarzyna,Kachel: Abb. 157
Wikimedia Commons/Pethan https://de.wikipedia.org/wiki/Datei:Heksenkring.jpg (CCBY-SA 3.0): Abb. 8
Wikimedia Commons/Mushroom Observer https://commons.wikimedia.org/wiki/File:2011-05-19_Stropharia_rugosoannulata_Farl._ex_Murrill_183478.jpg: Abb. 38
Wikimedia Commons/H.Krisp https://commons.wikimedia.org/wiki/File:Blasenbecherling_Peziza_vesiculosa.jpg (CC-BY-3.0): Abb. 43
Wikimedia Commons/Retouched Pictures https://commons.wikimedia.org/wiki/File:Grifola_frondosa_57503_cropped.jpg (CCBY-SA 3.0): Abb. 102

Alle weiteren Fotos im Innenteil sowie die Umschlagbilder stammen von Nicola Krämer.

Die Zeichnungen fertigte Helmuth Flubacher, nach Vorlagen der Verfasserinnen.

Impressum

Die in diesem Buch enthaltenen Empfehlungen und Angaben sind von den Autorinnen mit größter Sorgfalt zusammengestellt und geprüft worden. Eine Garantie für die Richtigkeit der Angaben kann aber nicht gegeben werden. Autorinnen und Verlag übernehmen keine Haftung für Schäden und Unfälle. Bitte setzen Sie bei der Anwendung der in diesem Buch enthaltenen Empfehlungen Ihr persönliches Urteilsvermögen ein.
Der Verlag Eugen Ulmer ist nicht verantwortlich für die Inhalte der im Buch genannten Websites.

Anmerkung zur Schreibweise (Gendering) der weiblichen, männlichen und unbestimmten Form: Ausschließlich aufgrund der deutlich besseren Lesbarkeit wird in diesem Werk auf die jeweilige Mehrfachnennung oder Anpassung der Schreibweise bestimmter Bezeichnungen verzichtet.

Bibliografische Information der Deutschen Nationalbibliothek
Die Deutsche Nationalbibliothek verzeichnet diese Publikation in der Deutschen Nationalbibliografie; detaillierte bibliografische Daten sind im Internet über http://dnb.d-nb.de abrufbar.

Wollgrasweg 41, 70599 Stuttgart (Hohenheim)
E-Mail: info@ulmer.de Internet: www.ulmer.de
Lektorat: Alessandra Kreibaum, Helen Haas
Herstellung: Birgit Heyny
Umschlaggestaltung: Atelier Reichert, Stuttgart
Satz: Fotosatz H. Buck, Kumhausen
Reproduktion: time:ray, Jettingen
Druck und Bindung: Westermann Druck, Zwickau
Printed in Germany

ISBN 978-3-8001-0393-5